Johannes Paul II.

*Erinnerung
und Identität*

Johannes Paul II.

Erinnerung und Identität

Gespräche an der Schwelle
zwischen
den Jahrtausenden

Deutsch von Ingrid Stampa

Weltbild

Originaltitel: *Pamięć i tożsamość. Rozmowy na przełomie tysiącleci.*
© 2005 Libreria Editrice Vaticana, Roma
© 2005 RCS Libri S.p.A., Milano

Das Werk einschließlich aller seiner Teile ist urheberrechtlich geschützt. Jede Verwertung außerhalb des Urhebergesetzes ist ohne Zustimmung des Verlages unzulässig und strafbar. Dies gilt insbesondere für Vervielfältigungen, Übersetzungen, Mikroverfilmungen und die Einspeicherung und Verarbeitung in elektronischen Systemen.

Weltbild Buchverlag
–Originalausgaben–
© für die deutschsprachige Ausgabe 2005
Verlagsgruppe Weltbild GmbH,
Steinerne Furt 67, 86167 Augsburg
2. Auflage 2005
Alle Rechte vorbehalten

Projektleitung: Gerald Fiebig
Umschlaggestaltung: X-Design, München,
unter Verwendung eines Fotos von Grzegorz Galazka
Innenlayout und Satz: Lydia Koch, Augsburg
Druck und Bindung: GGP Media GmbH,
Karl-Marx-Straße 24, 07381 Pößneck

Gedruckt auf chlorfrei gebleichtem Papier

Printed in Germany

ISBN 3-89897-170-8

INHALT

Vorbemerkung der Redaktion 7

DIE DEM BÖSEN GESETZTE GRENZE 13
1. *Mysterium iniquitatis:*
   Die Koexistenz von Gut und Böse 15
2. Ideologien des Bösen 18
3. Die dem Bösen gesetzte Grenze
   in der Geschichte Europas 28
4. Die Erlösung als die dem Bösen
   gesetzte göttliche Grenze 32
5. Das Mysterium der Erlösung 38
6. Die Erlösung – ein Sieg als Gabe und
   Aufgabe für den Menschen 42

FREIHEIT UND VERANTWORTUNG 49
7. Für einen rechten Gebrauch der Freiheit 51
8. Die Freiheit existiert für die Liebe 58
9. Die Lehre der jüngsten Geschichte 64
10. Das Geheimnis der Barmherzigkeit 71

GEDANKEN ÜBER DEN BEGRIFF
»VATERLAND«
(Vaterland – Nation – Staat) 79
11. Über den Begriff des Vaterlandes 81
12. Der Patriotismus 89
13. Der Begriff der Nation 93
14. Die Geschichte 98
15. Nation und Kultur 104

GEDANKEN ÜBER »EUROPA« (Polen – Europa – Kirche) 117

16. Das europäische Vaterland 119
17. Die Evangelisierung des östlichen Mitteleuropa 130
18. Früchte des Guten auf dem Boden der Aufklärung 137
19. Die Sendung der Kirche 146
20. Die Beziehung der Kirche zum Staat 150
21. Europa im Kontext der anderen Kontinente 153

DEMOKRATIE – CHANCEN UND RISIKEN 159

22. Die heutige Demokratie 161
23. Rückkehr nach Europa? 170
24. Die mütterliche Erinnerung der Kirche 182
25. Die vertikale Dimension der Geschichte Europas 189

EPILOG 195

26. »Jemand hatte diese Kugel geleitet ...« 197

ANHANG 211

Verzeichnis der zitierten oder erwähnten Bibelstellen 213
Verzeichnis der biblischen Abkürzungen 217
Personenregister 219

VORBEMERKUNG DER REDAKTION

Das 20. Jahrhundert war Zeuge historischer Ereignisse, die in der politischen und gesellschaftlichen Situation ganzer Nationen eine entscheidende Wende darstellten und auch das Schicksal der einzelnen Bürger deutlich beeinflusst haben. Vor mittlerweile 60 Jahren endete der Krieg, der zwischen 1939 und 1945 die Welt in ein tragisches Drama der Zerstörung und des Todes verwickelte. In den nachfolgenden Jahren erlebte man die Ausdehnung der kommunistischen Diktatur über zahlreiche Nationen des östlichen Mitteleuropa und die Verbreitung der marxistischen Ideologie in weiteren Nationen Europas, Afrikas, Lateinamerikas und Asiens. Darüber hinaus war der Übergang zum 21. Jahrhundert leider verdunkelt durch den auf Weltebene grassierenden Terrorismus: Am erschütterndsten kam das in dem Anschlag auf die Zwillingstürme von New York zum Ausdruck. Ist es möglich, in all dem nicht die wirkende Gegenwart des Mysterium iniquitatis *zu sehen?*

Neben dem Bösen hat jedoch das Gute nicht gefehlt. Die Diktaturen, die jenseits des »Eisernen Vorhangs« errichtet wurden, konnten die Sehnsucht der unterworfenen Völker nach Freiheit nicht ersticken. In Polen entstand und behauptete sich trotz des Widerstands des Regimes die unter dem Namen Solidarność *bekannte Gewerkschaftsbewegung. Das war ein Signal des Erwachens, das auch andernorts Widerhall fand. Und so kam das Jahr 1989, das inzwischen in die Geschichte eingegangen ist als das*

Jahr, in dem die Berliner Mauer fiel, was den unmittelbaren Beginn des Zusammenbruchs der kommunistischen Diktatur in den europäischen Nationen nach sich zog, in denen diese über Jahrzehnte geherrscht hatte. Das 20. Jahrhundert war auch der Zeitraum, in dem viele bis dahin der Kolonialherrschaft unterworfene Nationen die Unabhängigkeit erlangten. So sind neue Staaten entstanden, die – wenn auch unter Bedingtheiten und Belastungen – sich nun der Möglichkeit erfreuen können, über ihr Schicksal selbst zu entscheiden. Darüber hinaus ist die Bildung verschiedener internationaler Organisationen zu unterstreichen, die nach dem Zweiten Weltkrieg die Aufgabe übernommen haben, für Frieden und Sicherheit der Völker zu sorgen, indem sie für eine gerechtere Verteilung der verfügbaren Ressourcen, für den Schutz der Rechte des Einzelnen und für die Anerkennung der legitimen Erwartungen der verschiedenen sozialen Gruppen eintreten. Und schließlich sind das Entstehen der Europäischen Union und ihre sukzessive Erweiterung zu erwähnen.
Auch im Leben der Kirche fehlte es nicht an Ereignissen, die eine tiefe Spur hinterlassen haben, indem sie positive Impulse gaben zu Veränderungen von beachtlicher Bedeutung für die Gegenwart und – wie zu hoffen ist – auch für die Zukunft des Gottesvolkes. Unter diesen Ereignissen muss natürlich ein herausragender Platz dem Zweiten Vatikanischen Konzil (1962–1965) und den verschiedenen Initiativen zugeschrieben werden, die von ihm ausgingen: der Liturgiereform, der Gründung neuer pastoraler Organisationen, dem großen missionarischen Aufbruch, dem Einsatz auf dem Gebiet der Ökumene und des interreligiösen Dialogs, um nur die bedeu-

tendsten zu nennen. Nicht zu unterschätzen ist auch all das Gute, das in geistlicher wie kirchlicher Hinsicht aus der Feier des Großen Jubiläums des Jahres 2000 erwachsen ist!

*

Ein besonderer Zeuge dieser Ereignisse ist Papst Johannes Paul II. Er hat die dramatischen und außerordentlichen Wechselfälle des Schicksals seiner Heimat Polen, der er stets verbunden bleibt, persönlich erlebt. In den letzten Jahrzehnten war er – zunächst als Priester, dann als Bischof und schließlich als Papst – auch Protagonist vieler Ereignisse der Geschichte Europas und der Welt. Das vorliegende Buch beleuchtet einige Aspekte seiner Erfahrungen und gibt Einblick in seine Gedanken, die in ihm unter dem Druck vielgestaltiger Erscheinungsformen des Bösen gereift sind, ohne dass er dabei jemals die Perspektive des Guten aus den Augen verloren hätte, das seiner tiefsten Überzeugung nach am Ende überwiegen wird. In einer Reihe von »Gesprächen an der Schwelle zwischen den Jahrtausenden« hat der Papst, indem er verschiedene Aspekte unseres Heute untersucht, seine Gedanken über die Phänomene der Gegenwart im Licht der Ereignisse der Vergangenheit entfaltet. Dabei hat er versucht, in eben diesen Ereignissen die Wurzeln dessen zu entdecken, was in der Welt von heute geschieht, um seinen Zeitgenossen – als Einzelpersonen wie auch als Völkern – die Möglichkeit zu bieten, über eine aufmerksame Neuinterpretation der »Erinnerung« zu einem lebendigeren Bewusstsein der eigenen »Identität« zu gelangen.
Bei der Niederschrift dieses Buches hat Johannes Paul II. auf die Hauptthemen von Gesprächen zu-

rückgegriffen, die im Juli 1993 in Castel Gandolfo stattfanden. Zwei polnische Philosophen, Józef Tischner und Krzysztof Michalski, Gründer des »Instituts für die Wissenschaften vom Menschen« in Wien, schlugen ihm vor, eine kritische Analyse der beiden Diktaturen, die das 20. Jahrhundert gekennzeichnet haben, unter sowohl geschichtlichem als auch philosophischem Gesichtspunkt zu entwickeln. Die damals auf Tonband aufgezeichneten Gespräche wurden später schriftlich fixiert. Der Heilige Vater hat zwar die in diesen Gesprächen erhobenen Fragen wieder aufgenommen, hielt es jedoch für angebracht, die Perspektive des Themas auszuweiten. Ausgehend von den erwähnten Dialogen, wollte er über sie hinausgehen und den Horizont der Überlegung erweitern. So ist dieses Buch entstanden, das sich mit einigen Themen auseinander setzt, die für das Schicksal der Menschheit nach den ersten Schritten im dritten Jahrtausend von entscheidender Bedeutung sind.

Die literarische Form des Gespräches wurde beibehalten, damit den Leserinnen und Lesern leichter deutlich wird, dass es sich nicht um eine akademische Abhandlung handelt, sondern um einen zwanglosen Dialog, der, obschon er sich bei der Suche nach angemessenen Lösungen sehr ernsthaft mit den angesprochenen Problemen auseinander setzt, nicht den Anspruch erhebt, eine erschöpfende Erörterung zu entwickeln. Die Fragen in ihrer aktuellen Form sind Werk der Redaktion; sie möchten die Aufmerksamkeit der Leserinnen und Leser anregen und ihnen helfen, das Denken des Papstes genau zu verstehen. Möge jeder, der dieses Buch zur Hand nimmt, darin eine Antwort finden auf Fragen, die sicherlich auch ihn in seinem Innern beschäftigen.

DIE DEM BÖSEN GESETZTE GRENZE

1. MYSTERIUM INIQUITATIS: DIE KOEXISTENZ VON GUT UND BÖSE

Nach dem Sturz der beiden mächtigen totalitären Systeme – des Nationalsozialismus in Deutschland und des »realen Sozialismus« in der Sowjetunion –, die auf dem gesamten 20. Jahrhundert lasteten und verantwortlich sind für unzählige Verbrechen, scheint der Zeitpunkt gekommen für eine Reflexion über ihren Ursprung und ihre Wirkungen und besonders über die Bedeutung der Ideologien, welche diesen Systemen in der Geschichte der Menschheit den Weg bereitet haben. Heiliger Vater, was ist der Sinn dieses großen »Ausbruchs« des Bösen?

Das 20. Jahrhundert war sozusagen die »Bühne«, auf der sich bestimmte historische und ideologische Prozesse abgespielt haben, die sich in die Richtung des großen »Ausbruchs« des Bösen bewegten, aber es war ebenfalls die Szenerie ihrer Überwindung. Ist es also gerechtfertigt, Europa nur aus der Perspektive des Übels zu betrachten, das in seiner jüngsten Geschichte aufgetreten ist? Liegt darin nicht eine gewisse Einseitigkeit? Die neuere Geschichte Europas, die – speziell im Westen – durch die Einflüsse der Aufklärung geprägt worden ist, hat auch viele positive Früchte hervorgebracht. Das entspricht in gewisser Weise dem Wesen des Bösen, so wie – in Anlehnung an Augustinus – Thomas von Aquin es versteht. Das Böse ist immer das Fehlen von etwas Gutem, das in einem bestimmten Wesen eigentlich vorhanden sein müsste, es ist ein Verlust, ein Mangel. Niemals jedoch ist es ein totales Nicht-Vorhandensein des Guten. Die Art, wie das Böse auf dem gesunden Boden des Guten wächst und sich entwickelt, stellt ein Geheimnis dar. Ein ebensolches Geheimnis stellt jener Teil des Guten dar, den das Böse nicht zu zerstören imstande war und der sich trotz des Bösen ausbreitet, indem er sogar auf demselben Boden vorankommt. Das erinnert unmittelbar an das Gleichnis vom guten Weizen und dem Unkraut aus dem Evangelium (vgl. *Mt* 13, 24–30). Als die Knechte den Gutsherrn fragen: »Sollen wir gehen und es [das Unkraut] ausreißen?«, gibt er die sehr bedeutsame Antwort: »Nein, sonst reißt ihr zusammen mit dem Unkraut auch den Weizen aus. Lasst beides wachsen bis zur Ernte. Wenn dann die Zeit der Ernte da ist, werde ich den Arbeitern sagen: Sammelt zuerst das Unkraut und bindet es in Bündel, um es zu verbrennen; den Weizen aber bringt in meine Scheune« (*Mt* 13, 29–30). In diesem Fall verweist die Erwähnung der Ernte auf die letzte, die eschatologische Phase der Geschichte.

Tatsächlich kann dieses Gleichnis als Schlüssel zum Verständnis der ganzen Menschheitsgeschichte dienen. In den verschiedenen Zeitepochen und in unterschiedlichem Sinn wächst der »Weizen« zusammen mit dem »Unkraut« und das »Unkraut« zusammen mit dem »Weizen«. Die Geschichte der Menschheit ist das »Schauspiel« der Koexistenz von Gut und Böse. Das bedeutet, dass zwar das Böse neben dem Guten existiert, das Gute jedoch neben dem Bösen fortbesteht und sozusagen auf dem gleichen Boden, dem der menschlichen Natur, weiter wächst. Diese ist nämlich trotz der Erbsünde nicht zerstört, nicht gänzlich schlecht geworden. Die Natur hat ihre Fähigkeit zum Guten behalten; das hat sich in den Ereignissen der verschiedenen geschichtlichen Epochen immer neu bestätigt.

2. IDEOLOGIEN DES BÖSEN

Wie sind also die Ideologien des Bösen entstanden? Welches sind die Wurzeln des Nationalsozialismus und des Kommunismus? Und was hat dann beide zu Fall gebracht?

Diese Fragen sind von tiefer philosophischer und theologischer Bedeutung. Man muss der »Philosophie des Bösen« in seiner europäischen und nicht nur europäischen Dimension auf den Grund gehen. Eine solche »Rekonstruktion« führt uns über die Ideologien selbst hinaus. Sie bringt uns dazu, in die Welt des Glaubens vorzudringen. Es ist nötig, dass wir uns mit dem Geheimnis Gottes und der Schöpfung und im Besonderen mit dem Geheimnis des Menschen auseinander setzen. Es sind die Geheimnisse, die ich in den ersten Jahren meines Amtes als Nachfolger Petri in den Enzykliken *Redemptor hominis*, *Dives in misericordia* und *Dominum et vivificantem* auszudrücken suchte. Dieses Triptychon spiegelt in Wirklichkeit das trinitarische Geheimnis Gottes wider. Das gesamte Gedankengut der Enzyklika *Redemptor hominis* hatte ich aus Polen mitgebracht. Auch die in *Dives in misericordia* enthaltenen Überlegungen waren das Ergebnis meiner pastoralen Erfahrung in Polen und speziell in Krakau. Dort befindet sich nämlich das Grab der hl. Faustina Kowalska, der Christus die Gnade verlieh, die Wahrheit von der göttlichen Barmherzigkeit in besonders erleuchteter Weise zum Ausdruck zu bringen. Diese Wahrheit erweckte in Schwester

Faustina ein außerordentlich reiches mystisches Leben. Sie war ein einfacher, ungebildeter Mensch, und trotzdem wundern sich alle, die das *Tagebuch* ihrer Offenbarungen lesen, über die Tiefe der darin enthaltenen mystischen Erfahrung.

Ich erwähne das, weil sich die Offenbarungen der Schwester Faustina, die das Geheimnis der göttlichen Barmherzigkeit betreffen, auf die Zeitspanne vor dem Zweiten Weltkrieg beziehen. Das ist genau die Zeit, in der die Ideologien des Bösen, der Nationalsozialismus und der Kommunismus, aufkamen und sich entwickelten. Schwester Faustina wurde zur Verkünderin der Wahrheit vom barmherzigen Christus und rief ins Bewusstsein, dass einzig und allein diese Wahrheit, dass Gott Barmherzigkeit ist, das Übel jener Ideologien aufzuwiegen vermag. Das ist der Grund, warum ich nach meiner Berufung auf den Stuhl Petri die dringende Notwendigkeit empfand, die Erfahrungen aus meinem Heimatland weiterzugeben, die doch zum Schatz der gesamten Kirche gehören.

Die Enzyklika über den Heiligen Geist, *Dominum et vivificantem*, entstand dagegen bereits in Rom, ist also ein wenig später ausgereift. Sie erwuchs aus der Meditation des Johannesevangeliums, vor allem all dessen, was Jesus während des Letzten Abendmahles sagte. Gerade in diesen letzten Stunden des Erdenlebens Christi geschah die wohl umfassendste Offenbarung über den Heiligen Geist. Unter den Worten, die Jesus bei dieser Gelegenheit sprach, findet sich auch eine Aussage, die für unser Problem besonders bedeutsam ist. Er sagte, der Heilige Geist werde »die Welt der Sünde überführen« (vgl. *Joh* 16, 8). Ich habe versucht, diesen Worten auf den Grund zu gehen, und das hat mich zu den ersten Seiten des

Buches Genesis zurückgeführt, zu dem Ereignis, das mit dem Namen »Sündenfall« bezeichnet wird. Der hl. Augustinus beschrieb in seinem außergewöhnlichen Scharfsinn das Wesen dieser Ursünde mit der Formulierung: »*amor sui usque ad contemptum Dei* – Eigenliebe bis hin zur Gottesverachtung«.[1] Genau diese Eigenliebe war es, welche die Stammeltern in die erste Rebellion trieb und dann die spätere Ausbreitung der Sünde über die gesamte Menschheitsgeschichte verursachte. Darauf beziehen sich die Worte des Buches Genesis: »Ihr werdet wie Gott und erkennt Gut und Böse« (*Gen* 3, 5), d. h., ihr werdet selbst entscheiden, was gut und was böse ist.

Gerade diese ursprüngliche Dimension der Sünde konnte ein angemessenes Gegengewicht nur finden in ihrer Entsprechung: im »*amor Dei usque ad contemptum sui*« – in der Gottesliebe bis hin zur eigenen Geringschätzung. Damit nähern wir uns dem Geheimnis der Erlösung des Menschen, und dabei führt uns der Heilige Geist. Er ist es, der es uns ermöglicht, in die Tiefen des *Mysterium Crucis* einzudringen und uns gleichzeitig tief hinabzubeugen und in den Abgrund des Bösen zu schauen, als dessen Urheber und zugleich Opfer sich der Mensch bereits zu Beginn seiner Geschichte erweist. Genau darauf bezieht sich die Formulierung: »die Welt der Sünde überführen«. Und der Zweck dieser »Überführung« ist nicht die Verurteilung der Welt. Wenn die Kirche kraft des Heiligen Geistes das Übel beim Namen nennt, so tut sie das nur mit dem Ziel, dem Menschen die Möglichkeit aufzuzeigen, es zu überwinden, indem er sich den Dimensionen des »*amor Dei usque ad contemptum sui*« öffnet. Und das wiederum ist

---

[1] *De civitate Dei* XIV, 28

eine Frucht der göttlichen Barmherzigkeit. In Jesus Christus beugt sich Gott dem Menschen zu, um ihm die Hand zu reichen, ihn wieder aufzuheben und ihm zu helfen, mit neuer Kraft den Weg wieder aufzunehmen. Allein ist der Mensch nicht imstande, sich wieder aufzurichten, er braucht die Hilfe des Heiligen Geistes. Wenn er diese Hilfe zurückweist, begeht er die Sünde, die Christus als »Lästerung gegen den Geist« bezeichnet und von der er zugleich erklärt, dass sie nicht vergeben werden kann (vgl. *Mt* 12, 31). Warum kann sie nicht vergeben werden? Weil sie im Menschen sogar den Wunsch nach Vergebung ausschließt. Der Mensch weist die Liebe und Barmherzigkeit Gottes zurück, weil er sich selbst für Gott hält. Er glaubt, sich selbst genug sein zu können.

Ich habe diese drei Enzykliken kurz erwähnt, die meiner Meinung nach einen zweckmäßigen Kommentar darstellen zur gesamten Lehre des Zweiten Vatikanischen Konzils und auch zu den komplexen Situationen des geschichtlichen Momentes, in dem wir leben.

Im Laufe der Jahre hat sich in mir die Überzeugung herausgebildet, dass die Ideologien des Bösen tief in der Geschichte des europäischen philosophischen Denkens verwurzelt sind. Ich muss hier auf einige Tatsachen Bezug nehmen, die mit der Geschichte Europas und in besonderer Weise mit der Geschichte der in Europa herrschenden Kultur verbunden sind. Als die Enzyklika über den Heiligen Geist veröffentlicht wurde, gab es im Westen in einigen Kreisen ziemlich heftige negative Reaktionen. Aus welchen Quellen entsprangen sie? Aus denselben, aus denen gut 200 Jahre zuvor die so genannte europäische Aufklärung hervorgegangen war – besonders die französische Aufklärung, ohne jedoch die englische, die deutsche, die spanische und die italienische ausnehmen zu wollen. Einen ganz eigenen Weg nahm die Aufklärung in Polen. Was dagegen Russland betrifft, so scheint es, dass dieses Land die Erschütterung durch die Aufklärung nicht erfahren hat. Dort geriet die christliche Tradition auf einem anderen Weg in die Krise, die dann zu Beginn des 20. Jahrhunderts mit noch größerer Gewalt als radikal atheistische marxistische Revolution ausbrach.

Um dieses Phänomen besser zu erklären, muss man auf die Periode zurückgreifen, die der Aufklärung voranging, besonders auf die von Descartes im philosophischen Denken bewirkte Umwälzung. Das »*Cogito, ergo sum* – Ich denke, also bin ich« führte dazu, dass die Art, Philosophie zu betreiben, auf den Kopf gestellt wurde. Vor Descartes war die Philosophie und damit das *cogito* – oder vielmehr das *cognosco* – dem *esse* untergeordnet. Das Sein wurde als etwas Ursprüngliches angesehen. Descartes erschien dagegen das *esse* als zweitrangig, während er das *cogito* als vorrangig ansah. Auf diese Weise vollzog sich im Philosophieren nicht nur ein Richtungswechsel, sondern das, was die Philosophie – und insbesondere die Philosophie des Thomas von Aquin – bis dahin gewesen war, nämlich die Philosophie des *esse*, wurde entschieden aufgegeben. Vorher war alles aus der Sicht des *esse* interpretiert worden, und für alles suchte man eine dieser Sicht entsprechende Erklärung. Gott als das in sich vollkommen sich selbst genügende Sein *(Ens subsistens)* wurde als unabdingbare Grundlage angesehen für jegliches *ens non subsistens, ens participatum,* d. h. für alle geschaffenen Wesen, also auch für den Menschen. Das »*Cogito, ergo sum*« bedeutete den Bruch mit dieser gedanklichen Ausrichtung. Nun wurde das *ens cogitans* zum Grundprinzip. Nach Descartes wird die Philosophie zu einer Wissenschaft des reinen Denkens: Alles *esse* – sowohl die geschaffene Welt als auch der Schöpfer selbst – bleibt im Bereich des *cogito*, gleichsam ein Inhalt des menschlichen Bewusstseins. Die Philosophie beschäftigt sich mit den Wesen, insofern sie Bewusstseinsinhalte sind, nicht insofern sie außerhalb des Bewusstseins existieren.

An diesem Punkt ist es angebracht, einen Augenblick bei den Traditionen der polnischen Philosophie zu verweilen, besonders bei dem, was sich nach der Machtergreifung der kommunistischen Partei ereignete. An den Universitäten wurde jede Form philosophischen Denkens, die nicht mit dem marxistischen Modell übereinstimmte, stark behindert. Und das geschah auf die einfachste und radikalste Weise: indem Druck ausgeübt wurde auf die Personen, die diese Art, Philosophie zu betreiben, vertraten. Sehr bezeichnend ist die Tatsache, dass vor allem die Vertreter der realistischen Philosophie von ihren jeweiligen Lehrstühlen entfernt wurden, einschließlich der Vertreter der realistischen Phänomenologie, wie Roman Ingarden und – aus der Lemberg-Warschauer Schule – Izydora Dąmbska. Weniger einfach war das Verfahren mit den Vertretern des Thomismus, da diese sich an der Katholischen Universität von Lublin und an den Fakultäten für Theologie von Warschau und Krakau sowie an den Priesterseminaren befanden. In einem zweiten Anlauf wurden jedoch auch sie ohne jede Rücksicht von der Hand des Regimes erreicht. Mit Misstrauen wurden ebenfalls die hochrangigen Denker betrachtet, die gegenüber dem dialektischen Materialismus eine kritische Haltung einnahmen. Unter ihnen erinnere ich mich besonders an Tadeusz Kotarbiński, an Maria Ossowska und an

Tadeusz Czeżowski. Natürlich konnten Kurse wie Logik und Methodologie der Wissenschaften nicht aus dem Universitätslehrplan entfernt werden; »Dissidenten« unter den Professoren konnten jedoch auf verschiedene Weise behindert werden, indem man ihren Einfluss auf die Ausbildung der Studenten mit allen Mitteln einschränkte.

Was in Polen geschah, nachdem die Marxisten an die Macht gekommen waren, hatte ähnliche Folgen wie die Vorgänge, die sich bereits zuvor in Westeuropa im Anschluss an die Zeit der Aufklärung abgespielt hatten. Man sprach unter anderem vom »Untergang des thomistischen Realismus« und meinte damit auch die Loslösung vom Christentum als der Quelle des Philosophierens. Was im Endeffekt infrage gestellt wurde, war sogar die Möglichkeit, Gott zu erreichen. In der Logik des »*Cogito, ergo sum*« wurde Gott reduziert auf einen Inhalt des menschlichen Bewusstseins; er konnte nicht mehr als derjenige betrachtet werden, der das menschliche *sum* bis zum Grunde erklärt. Er konnte also nicht mehr bestehen bleiben als das *Ens subsistens*, als das »sich selbst genügende Wesen«, als der Schöpfer, als der, welcher das Sein schenkt und im Mysterium der Inkarnation, der Erlösung und der Gnade sogar sich selbst schenkt. Der Gott der Offenbarung hatte als »Gott der Philosophen« aufgehört zu existieren. Nur die Idee von Gott war übrig geblieben, als Thema einer freien Entfaltung des menschlichen Denkens.

Auf diese Weise brachen auch die Grundlagen der »Philosophie des Bösen« in sich zusammen. Das Böse kann nämlich im realistischen Sinne nur in Beziehung zum Guten existieren und speziell in Beziehung zu Gott, dem höchsten Gut. Genau von diesem Bösen spricht das Buch Genesis. Aus dieser Perspektive kann man die Erbsünde und auch jede persönliche Sünde des Menschen verstehen. Doch dieses Böse ist von Christus durch das Kreuz erlöst worden. Genauer gesagt: Erlöst worden ist der Mensch, der durch das Werk Christi Anteil gewonnen hat am Leben Gottes. All dieses, das große Drama der Heilsgeschichte, war aus der aufklärerischen Mentalität verschwunden. Der Mensch war allein geblieben – allein als der Schöpfer seiner eigenen Geschichte und seiner eigenen Zivilisation; allein als derjenige, der entscheidet, was gut und was böse ist, als der, welcher sein und handeln würde *etsi Deus non daretur* – auch wenn es Gott nicht gäbe.

Wenn der Mensch allein, ohne Gott, entscheiden kann, was gut und was böse ist, dann kann er auch verfügen, dass eine Gruppe von Menschen zu vernichten ist. Derartige Entscheidungen wurden z. B. im Dritten Reich gefällt von Menschen, die, nachdem sie auf demokratischen Wegen zur Macht gekommen waren, sich dieser Macht bedienten, um die perversen Programme der nationalsozialistischen Ideologie zu verwirklichen, die sich an rassistischen Vorurteilen orientierten. Vergleichbare Entscheidungen wurden in der Sowjetunion und in den der marxistischen Ideologie unterworfenen Ländern auch von der kommunistischen Partei getroffen. In diesem Zusammenhang wurde die Ausrottung der Juden und auch anderer Gruppen wie die der Roma, der ukrainischen Bauern und des orthodoxen und katholischen Klerus in Russland, Weißrussland und jenseits des Urals durchgeführt. Entsprechend wurden alle dem Regime unbequemen Menschen verfolgt: z. B. die ehemaligen Kämpfer vom September 1939, die Soldaten der Nationalarmee in Polen nach dem Zweiten Weltkrieg und die Vertreter der *Intelligenz*, welche die marxistische oder die nazistische Ideologie nicht teilten. Normalerweise handelte es sich dabei um eine Vernichtung im physischen, manchmal jedoch auch im moralischen Sinne. Dann wurde der Mensch auf mehr oder weniger drastische Weise an der Wahrnehmung seiner Rechte gehindert.

An diesem Punkt kann man es nicht unterlassen, ein Problem anzusprechen, das heute außerordentlich aktuell und schmerzlich ist. Nach dem Sturz der Regime, die auf den Ideologien des Bösen aufgebaut waren, haben in ihren Ländern die eben erwähnten Formen der Vernichtung de facto aufgehört. Was jedoch fortdauert, ist die legale Vernichtung gezeugter, aber noch ungeborener menschlicher Wesen. Und diesmal handelt es sich um eine Vernichtung, die sogar von demokratisch gewählten Parlamenten beschlossen ist, in denen man sich auf den zivilen Fortschritt der Gesellschaften und der gesamten Menschheit beruft. Und auch an anderen schweren Formen der Verletzung des Gesetzes Gottes fehlt es nicht. Ich denke z. B. an den starken Druck des Europäischen Parlaments, homosexuelle Verbindungen anzuerkennen als eine alternative Form der Familie, der auch das Recht der Adoption zusteht. Es ist zulässig und sogar geboten, sich zu fragen, ob nicht hier – vielleicht heimtückischer und verhohlener – wieder eine neue Ideologie des Bösen am Werk ist, die versucht, gegen den Menschen und gegen die Familie sogar die Menschenrechte auszunutzen.

Warum geschieht all das? Welches ist die Wurzel dieser nachaufklärerischen Ideologien? Die Antwort ist – alles in allem – ganz einfach: Das geschieht, weil Gott als Schöpfer und damit als Ursprung der Bestimmung von Gut und Böse verworfen worden ist. Man hat den Begriff dessen verworfen, was uns im

Tiefsten zu Menschen macht, d. h. den Begriff des menschlichen Wesens als »reale Gegebenheit«, und hat als Ersatz an seine Stelle ein »Produkt des Denkens« gestellt, das frei gebildet und je nach den Umständen frei veränderbar ist. Ich meine, dass eine aufmerksamere Untersuchung dieser Frage uns über den Descartes'schen Einschnitt hinaus führen könnte. Wenn wir in sinnvoller Weise von Gut und Böse sprechen wollen, müssen wir zu Thomas von Aquin, d. h. zur Philosophie des Seins zurückkehren. Mit der phänomenologischen Methode kann man z. B. Erfahrungen wie die der Moralität, der Religion oder auch die des Menschseins untersuchen und eine bedeutende Bereicherung unserer Erkenntnis daraus gewinnen. Man darf jedoch nicht vergessen, dass all diese Analysen implizit die Realität des Menschseins – d. h. eines geschaffenen Wesens – voraussetzen und auch die Realität des Absoluten Seins. Wenn man nicht von solchen »realistischen« Voraussetzungen ausgeht, bewegt man sich schließlich im Leeren.

3. DIE DEM BÖSEN GESETZTE GRENZE IN DER GESCHICHTE EUROPAS

Der Mensch gewinnt manchmal den Eindruck, das Böse sei allmächtig, es herrsche uneingeschränkt in der Welt. Gibt es Ihrer Meinung nach eine unüberschreitbare Grenze für das Böse?

E s wurde mir das Schicksal zuteil, eine persönliche Erfahrung der Ideologien des Bösen zu machen. Das ist etwas, das unauslöschlich in meiner Erinnerung bestehen bleibt. Zuerst war da der Nationalsozialismus. Was man in jenen Jahren zu sehen bekam, war bereits schrecklich. Aber viele Aspekte des Nazismus blieben zu dieser Zeit verborgen. Die wirkliche Dimension des Übels, das in Europa um sich griff, wurde nicht von allen wahrgenommen, nicht einmal von denen unter uns, die sich mitten im Strudel selbst befanden. Unser Leben war versunken unter einem großen Ausbruch des Bösen, und nur schrittweise begannen wir, uns seines wirklichen Ausmaßes bewusst zu werden. Die Verantwortlichen unternahmen nämlich alles, um ihre Untaten vor der Welt zu verbergen. Sowohl die Nazis während des Krieges als auch später in Osteuropa die Kommunisten bemühten sich, das, was sie taten, nicht an die Öffentlichkeit kommen zu lassen. Für lange Zeit wollte der Westen an die Vernichtung der Juden einfach nicht glauben. Erst später kam die volle Wahrheit ans Licht. Nicht einmal in Polen war all das bekannt, was die Nazis den Polen angetan hatten und noch antaten, ebenso wenig wusste man, was die Sowjets mit den polnischen Offizieren in Katyń getan hatten, und selbst die so traurigen Vorkommnisse der Deportationen waren nur teilweise bekannt.

Später, bereits nach dem Krieg, dachte ich mir: Der Herrgott hat dem Nazismus zwölf Jahre der Existenz gewährt, und nach zwölf Jahren ist dieses System zusammengebrochen. Wie man sieht, war das die Grenze, welche einem solchen Wahnsinn von der Göttlichen Vorsehung gesetzt war. In Wirklichkeit war es nicht nur ein Wahnsinn gewesen – es war eine »Bestialität« gewesen, wie Konstanty Michalski schrieb.[2] Tatsächlich aber hatte die Göttliche Vorsehung der Entfesselung dieser bestialischen Raserei nur diese zwölf Jahre zugestanden. Wenn der Kommunismus länger überlebt hat und noch eine Aussicht auf weitere Entwicklung vor sich hat, dachte ich mir damals, dann muss in all dem irgendein Sinn liegen.

Im Jahre 1945, am Ende des Krieges, erschien der Kommunismus sehr gefestigt und sehr gefährlich – weit mehr als im Jahre 1920. Bereits damals hatte man das deutliche Gefühl gehabt, die Kommunisten würden Polen einnehmen und weiter nach Westeuropa vordringen, um sich dann auf die Eroberung der Welt zu stürzen. In Wirklichkeit kam es nicht so weit. »Das Wunder an der Weichsel«, d. h. der Triumph Piłsudskis in der Schlacht gegen die Rote Armee dämpfte diese sowjetischen Vorhaben. Doch nach dem Sieg über den Nazismus im Zweiten Weltkrieg fühlten sich die Kommunisten wieder gestärkt,

---

2 Vgl. *Między heroizmem a bestialstwem* (Zwischen Heldentum und Bestialität), Tschenstochau 1984

und ganz unverfroren schickten sie sich an, sich der ganzen Welt oder wenigstens Europas zu bemächtigen. Das führte anfänglich zur Teilung des Kontinents in Einflussbereiche, wie sie in der »Erklärung über das befreite Europa« auf der Jalta-Konferenz im Februar 1945 festgelegt wurden – ein Abkommen, das von den Kommunisten nur scheinbar eingehalten wurde. De facto verletzten sie es auf allerlei Art, vor allem durch die ideologische Invasion und die politische Propaganda nicht allein in Europa, sondern auch in den anderen Teilen der Welt. Mir wurde damals sofort klar, dass ihre Herrschaft wesentlich länger andauern würde als die des Nazismus. Wie lange? Das war schwer vorauszusehen. Der Gedanke, der sich aufdrängte, war, dass dieses Übel in irgendeiner Weise wohl nötig sein müsse für die Welt und für den Menschen. Tatsächlich kommt es vor, dass sich das Böse in bestimmten konkreten Situationen des menschlichen Lebens als in gewissem Grade nützlich erweist – nützlich, insofern es Gelegenheiten für das Gute schafft. Hat nicht Johann Wolfgang von Goethe den Teufel beschrieben als »Teil von jener Kraft,/Die stets das Böse will und stets das Gute schafft«[3]? Der hl. Paulus seinerseits ermahnt in diesem Zusammenhang: »Lass dich nicht vom Bösen besiegen, sondern besiege das Böse durch das Gute!« (*Röm* 12, 21). Im Endeffekt kommt man auf diese Weise dazu, unter dem Antrieb durch das Böse einem noch größeren Guten zum Sein zu verhelfen.

Wenn ich mich hier eine Weile damit aufgehalten habe, die Grenze zu betonen, die dem Bösen in der Geschichte Europas gesetzt war, so muss ich nun abschließend sagen, dass diese Grenze in dem Guten

---

3 Johann Wolfgang von Goethe, *Faust*, Teil I, 3. Szene: »Studierzimmer«

besteht – in dem göttlichen und dem menschlichen Guten, das sich in derselben Geschichte offenbart hat, im Rahmen des vergangenen Jahrhunderts und in dem ganzer Jahrtausende. Immerhin ist es nicht leicht, das Böse zu vergessen, das man unmittelbar erfahren hat. Man kann es nur verzeihen. Und was bedeutet verzeihen, wenn nicht, sich auf das Gute zu berufen, das größer ist als jegliches Böse? Dieses Gute hat schließlich sein Fundament allein in Gott. Nur Gott ist dieses Gute. Diese dem Bösen durch das göttliche Gute gesetzte Grenze ist durch das Werk Christi in die Geschichte der Menschheit, insbesondere in die Europas, eingetreten und ein Teil von ihr geworden. Es ist also nicht möglich, Christus von der Geschichte des Menschen zu trennen. Genau das sagte ich anlässlich meines ersten Besuches in Polen in Warschau auf dem Siegesplatz. Damals betonte ich, dass es nicht möglich war, Christus von der Geschichte meiner Nation zu trennen. Ist es denn überhaupt möglich, ihn von der Geschichte irgendeiner anderen Nation zu trennen? Nur in ihm können nämlich alle Nationen und die gesamte Menschheit die »Schwelle der Hoffnung überschreiten«!

4. DIE ERLÖSUNG ALS DIE DEM BÖSEN GESETZTE GÖTTLICHE GRENZE

Wie ist diese Grenze für das Böse, von der wir sprechen, genauer zu verstehen? Worin besteht das Wesen dieser Grenze?

Wenn ich von der dem Bösen gesetzten Grenze spreche, denke ich vor allem an die geschichtliche Grenze, die dem Bösen der Totalitarismen, die sich im 20. Jahrhundert behaupteten, durch das Wirken der Vorsehung gesetzt wurde: dem Nationalsozialismus und dann dem marxistischen Kommunismus. Doch kann ich unter diesem Gesichtspunkt kaum darauf verzichten, auf einige weitere Überlegungen theologischer Art etwas ausführlicher einzugehen. Es handelt sich hier nicht darum, die Art von Untersuchung anzustellen, die manchmal als »Theologie der Geschichte« bezeichnet wird. Es geht vielmehr um eine Untersuchung, die sich bemüht, durch die theologische Reflexion mehr in die Tiefe zu gehen, bis sie an die Wurzel des Bösen vordringt, um seine mögliche Überwindung durch das Wirken Christi zu entdecken.

Gott selbst ist derjenige, welcher dem Bösen eine definitive Grenze setzen kann. Er ist nämlich wesensmäßig die Gerechtigkeit. Und er ist es, weil er derjenige ist, welcher das Gute belohnt und das Böse bestraft, und zwar in einer der jeweiligen objektiven Situation vollkommen angemessenen Weise. Es handelt sich hier um das moralisch Schlechte, um die

Sünde. Bereits im Paradies des Gartens Eden erscheint am Horizont der Geschichte des Menschen der Gott, der richtet und bestraft. Das Buch Genesis beschreibt ausführlich die Strafe, welche die Stammeltern nach dem Sündenfall erleiden (vgl. *Gen 3, 14–19*). Und ihre Strafe hat sich über die ganze Menschheitsgeschichte ausgedehnt, denn die Ursünde ist erblich: Es ist die Erbsünde. Als solche deutet sie auf die natürliche Sündhaftigkeit des Menschen hin, auf seine in ihm verwurzelte Neigung eher zum Bösen als zum Guten. Es gibt im Menschen eine angeborene Schwäche moralischer Natur, die mit der Anfälligkeit seines Wesens, mit seiner psycho-physischen Anfälligkeit gekoppelt ist. Und mit dieser Anfälligkeit gehen die zahlreichen Leiden einher, welche die Bibel von Anfang an als Strafen der Sünde aufzeigt.

Man kann also sagen, dass die Geschichte des Menschen von Anfang an gekennzeichnet ist durch die Grenze, welche der Schöpfergott dem Bösen setzt. Zu diesem Thema hat sich das Zweite Vatikanische Konzil in der pastoralen Konstitution *Gaudium et spes* ausführlich geäußert. Es würde sich lohnen, hier die einführenden Darlegungen wiederzugeben, die das Konzil der Situation des Menschen in der heutigen Welt – und nicht nur in der heutigen – widmet. Ich möchte mich auf einige Zitate zum Thema der Sünde und der Sündhaftigkeit des Menschen beschränken: »Der Mensch erfährt sich, wenn er in sein Herz schaut, auch zum Bösen geneigt und verstrickt in vielfältige Übel, die nicht von seinem guten Schöpfer herkommen können. Oft weigert er sich, Gott als seinen Ursprung anzuerkennen; er durchbricht dadurch auch die geschuldete Ausrichtung auf sein letztes Ziel, zugleich aber auch seine ganze Ordnung hinsichtlich seiner selbst wie hinsichtlich der anderen Menschen und der ganzen Schöpfung. So ist der Mensch in sich selbst zwiespältig. Deshalb stellt sich das ganze Leben der Menschen, das einzelne wie das kollektive, als Kampf dar, und zwar als ein dramatischer, zwischen Gut und Böse, zwischen Licht und Finsternis. Ja, der Mensch findet sich unfähig, durch sich selbst die Angriffe des Bösen wirksam zu bekämpfen, sodass ein jeder sich wie in Ketten gefesselt fühlt. Der Herr selbst aber ist gekommen, um den Menschen zu befreien und zu stärken, indem er ihn innerlich erneuerte und »den Fürsten dieser Welt« (*Joh* 12, 31) hinauswarf, der ihn in der Knechtschaft der Sünde festhielt. Die Sünde mindert aber den Menschen selbst, weil sie ihn hindert, seine Erfüllung zu erlangen. Im Licht dieser Offenbarung finden zugleich die erhabene Berufung wie das tiefe Elend, die die Menschheit erfährt, ihre letzte Erklärung.«[4]

Es ist also nicht möglich, über die dem Bösen gesetzte Grenze zu sprechen, ohne die Aussage der oben wiedergegebenen Worte in Betracht zu ziehen. Gott selbst ist gekommen, um uns zu retten, um den Menschen vom Bösen zu befreien, und dieses Kommen Gottes, dieser »Advent«, den wir in den Wochen vor Weihnachten mit solcher Freude feiern, hat erlösenden Charakter. Man kann unmöglich an die Grenze denken, die von Gott selbst dem Bösen in seinen verschiedenen Formen gesetzt worden ist, ohne sich auf das Geheimnis der Erlösung zu berufen.

Ist das Geheimnis der Erlösung denn die Antwort auf jenes geschichtliche Böse, das in verschiedener

---

[4] Pastorale Konstitution über die Kirche in der Welt von heute, *Gaudium et spes*, Nr. 13

Form in den Wechselfällen des menschlichen Lebens immer wieder auftritt? Ist es auch die Antwort auf das Böse unserer Zeit? Es könnte den Anschein haben, dass das Böse der Konzentrationslager, der Gaskammern, der Grausamkeit gewisser polizeilicher Eingriffe und schließlich des »totalen Krieges« und der auf Gewalt aufgebauten Systeme – ein Übel, das unter anderem in programmatischer Weise die Gegenwart des Kreuzes ausschloss –, dass dieses Böse stärker sei als alles Gute. Wenn wir jedoch die Geschichte der Völker und Nationen, welche die harte Prüfung unter den totalitären Systemen und den Verfolgungen wegen ihres Glaubens durchgemacht haben, mit tiefer eindringendem Blick betrachten, werden wir entdecken, dass sich gerade dort die siegreiche Gegenwart des Kreuzes Christi mit aller Klarheit offenbart hat. Und diese Gegenwart wird uns vielleicht vor diesem dramatischen Hintergrund noch eindrucksvoller erscheinen. Denjenigen, die der planmäßigen Aktion des Bösen unterworfen werden, bleiben als Quelle geistiger Selbstverteidigung und als Siegesverheißung nichts anderes als Christus und sein Kreuz. Ist das Opfer von Maksymilian Kolbe im Vernichtungslager Auschwitz etwa nicht zum Zeichen des Sieges über das Böse geworden? Und ebenso die Lebensgeschichte der großen Denkerin der Husserl-Schule, Edith Stein, die das Schicksal vieler Söhne und Töchter Israels teilte und im Krematorium von Birkenau verbrannt wurde? Außer diesen beiden Gestalten, die gewöhnlich gemeinsam erwähnt werden – wie viele andere gab es noch in dieser schmerzvollen Geschichte, die durch die Größe ihres Zeugnisses für den gekreuzigten und auferstandenen Christus unter ihren Mitgefangenen herausragen!

Das Geheimnis der Erlösung durch Christus ist in unserem Leben sehr tief verwurzelt. Das heutige Leben ist von der technischen Zivilisation beherrscht; auch sie wird von der Wirksamkeit dieses Geheimnisses erreicht, wie das Zweite Vatikanische Konzil in Erinnerung bringt: »Vor der Frage, wie dieses Elend überwunden werden kann, bekennen die Christen, dass alles Tun des Menschen, das durch Stolz und ungeordnete Selbstliebe täglich gefährdet ist, durch Christi Kreuz und Auferstehung gereinigt und zur Vollendung gebracht werden muss. Als von Christus erlöst und im Heiligen Geist zu einem neuen Geschöpf gemacht, kann und muss der Mensch die von Gott geschaffenen Dinge lieben. Von Gott empfängt er sie, er betrachtet und schätzt sie als Gaben aus Gottes Hand. Er dankt seinem Wohltäter für die Gaben; in Armut und Freiheit des Geistes gebraucht und genießt er das Geschaffene; so kommt er in den wahren Besitz der Welt als einer, der nichts hat und doch alles besitzt.«[5]

Man kann sagen, dass das Konzil die Definition der Welt, die sie an den Anfang des Dokumentes gesetzt hat, in der gesamten Konstitution *Gaudium et spes* weiter ausführt: »Vor seinen [des Konzils] Augen steht also die Welt der Menschen, das heißt die ganze Menschheitsfamilie mit der Gesamtheit der Wirklichkeiten, in der sie lebt; die Welt, der Schauplatz der Geschichte der Menschheit, von ihren Unternehmungen, Niederlagen und Siegen geprägt; die Welt, die nach dem Glauben der Christen durch die Liebe des Schöpfers begründet ist und erhalten wird; die unter die Knechtschaft der Sünde geraten, von Christus aber, dem Gekreuzigten und Auferstandenen,

---
[5] *Ebd.*, Nr. 37

durch Brechung der Herrschaft des Bösen befreit wurde; bestimmt, umgestaltet zu werden nach Gottes Heilsratschluss und zur Vollendung zu kommen.«[6]
Wenn man die Seiten dieser Konstitution überfliegt, fällt auf, dass einige »Schlüsselworte« immer wieder vorkommen: Kreuz, Auferstehung, Ostergeheimnis. Ihre gemeinsame Aussage ist: Erlösung. Die Welt ist von Gott erlöst. Die Scholastiker sprachen in diesem Zusammenhang vom *status naturae redemptae* – vom Zustand der erlösten Natur. Obwohl das Konzil das Wort »Erlösung« fast nicht verwendet, spricht es doch an vielen Stellen darüber. Im Sprachgebrauch des Konzils wird die Erlösung als ein Element des Ostergeheimnisses verstanden, das in der Auferstehung gipfelt. Gab es einen Grund für eine solche Wahl? Als ich die östliche Theologie genauer kennen lernte, habe ich besser verstanden, dass ein solcher Ansatz des Konzils implizit ein bedeutendes ökumenisches Merkmal darstellt: In der Betonung der Auferstehung fand die typische Spiritualität der großen Väter des christlichen Ostens ihren Ausdruck. Wenn die Erlösung die dem Bösen gesetzte göttliche Grenze ist, dann nur aus diesem Grund: In ihr wird das Böse von Grund auf besiegt durch das Gute, der Hass durch die Liebe, der Tod durch die Auferstehung.

---
6 *Ebd.*, Nr. 2

5. DAS MYSTERIUM DER ERLÖSUNG

Im Licht dieser Überlegungen wird eine vollständigere Antwort auf die Frage nach dem Wesen der Erlösung erforderlich. Was ist die Erlösung im Zusammenhang mit dem Kampf zwischen Gut und Böse, in den der Mensch verwickelt ist?

Manchmal wird dieser Kampf dargestellt, indem man auf das Bild der Waage zurückgreift. In Bezugnahme auf dieses Symbol könnte man sagen, dass Gott mit dem Kreuzesopfer seines Sohnes diese Sühne von unendlichem Wert in die Waagschale des Guten geworfen habe, damit sie letztlich immer überwiegen könne. Das Wort »Erlöser«, das im Polnischen *Odkupiciel* heißt, bezieht sich auf das Verb *odkupić*, das »zurückkaufen« bedeutet. Dasselbe gilt übrigens für den lateinischen Ausdruck *Redemptor*, dessen Etymologie mit dem Verb *redimere* (zurückkaufen) verbunden ist. Gerade diese etymologische Analyse könnte uns dem Verständnis der Realität der Erlösung näher bringen.
Mit ihr stehen die Begriffe »Vergebung« und auch »Rechtfertigung« in sehr enger Verbindung. Beide gehören zum Sprachgebrauch des Evangeliums. Christus vergab die Sünden und betonte mit Nachdruck die Macht, die der Menschensohn hatte, dies zu tun. Als man den Gelähmten zu ihm brachte, sagte er zuallererst: »Mein Sohn, deine Sünden sind dir vergeben« (*Mk* 2, 5), und dann fügte er hinzu: »Steh auf, nimm deine Tragbahre, und geh nach

Hause« (*Mk* 2, 11). Auf diese Weise machte er implizit deutlich, dass die Sünde ein größeres Übel ist als die körperliche Lähmung. Und als er nach der Auferstehung zum ersten Mal im Abendmahlssaal erschien, wo die Apostel versammelt waren, zeigte er ihnen seine durchbohrten Hände und seine Seite, und dann hauchte er sie an und sprach zu ihnen: »Empfangt den Heiligen Geist! Wem ihr die Sünden vergebt, dem sind sie vergeben; wem ihr die Vergebung verweigert, dem ist sie verweigert« (*Joh* 20, 22–23).
Damit offenbarte er, dass die Macht der Sündenvergebung, die allein Gott besitzt, in die Hand der Kirche gelegt ist. Zugleich bestätigte er noch einmal, dass die Sünde das größte Übel ist, von dem der Mensch befreit werden muss, und zeigte darüber hinaus, dass die Befugnis, diese Befreiung zu bewirken, der Kirche dank der Passion und dem erlösenden Tod Christi anvertraut ist.
Der hl. Paulus drückte dann dieselbe Wahrheit durch den Begriff der Rechtfertigung noch tiefer aus. In den Briefen des Apostels – vor allem in denen an die Römer und an die Galater – nimmt seine Darlegung der Rechtfertigungslehre auch polemische Züge an. Paulus, der seine Ausbildung in den Schulen der Pharisäer erhalten hatte, die als Experten auf dem Gebiet des Studiums des Alten Bundes galten, bestreitet nun ihre Überzeugung, dass die Quelle der Rechtfertigung das Gesetz sei. In Wirklichkeit, sagt er, erreicht der Mensch die Rechtfertigung nicht durch die vom Gesetz vorgeschriebenen Handlungen, besonders nicht durch die treue Befolgung der zahlreichen Vorschriften rituellen Charakters, denen eine große Bedeutung beigemessen wurde. Die Rechtfertigung ist gebunden an den Glauben an Christus (vgl. *Gal* 2,

15–21). Der gekreuzigte Christus ist es, der den sündigen Menschen jedes Mal gerecht macht, wenn dieser aufgrund seines Glaubens an die von Christus vollbrachte Erlösung seine Sünden bereut, umkehrt und zu Gott wie zum eigenen Vater zurückkehrt. So ist also der Begriff der Rechtfertigung unter einem bestimmten Gesichtspunkt ein noch tiefgründigerer Ausdruck dessen, was das Geheimnis der Erlösung beinhaltet. Um vor Gott gerechtfertigt zu sein, genügen nicht die menschlichen Anstrengungen; es ist nötig, von der Gnade berührt zu werden, die aus dem Opfer Christi hervorgeht, denn allein das Opfer Christi am Kreuz hat die Macht, dem Menschen die Gerechtigkeit vor Gott zurückzugeben.

Die Auferstehung Christi macht die Tatsache deutlich, dass nur das Maß des Guten, das Gott durch das Mysterium der Erlösung in die Geschichte eingebracht hat, von solcher Größe ist, dass es vollkommen der Wahrheit des Menschen entspricht. So wird das Ostergeheimnis zum endgültigen Maßstab für die Existenz des Menschen in der von Gott geschaffenen Welt. In diesem Mysterium ist uns nicht nur die eschatologische Wahrheit, die Fülle des Evangeliums, d. h. der Frohen Botschaft, offenbart. In ihm leuchtet auch ein Licht auf, das die ganze menschliche Existenz in ihrer zeitlichen Dimension erhellt und folglich auf die erschaffene Welt ausstrahlt. Christus hat durch seine Auferstehung das Werk der Schöpfung – und insbesondere die Erschaffung des Menschen – sozusagen »gerechtfertigt« in dem Sinne, als er das »rechte Maß« des von Gott am Anfang der Menschheitsgeschichte beabsichtigten Guten offenbart hat. Und dieses Maß ist nicht bloß das von ihm in der Schöpfung vorgesehene, das dann vom Menschen durch die Sünde aufs Spiel gesetzt wurde; es ist ein überschwängliches Maß, in dem der ursprüngliche Plan eine noch höhere Verwirklichung findet (vgl. *Gen* 3, 14–15). In Christus ist der Mensch zu einem neuen Leben berufen, zum Leben des Gotteskindes im Gottessohn, als vollkommener Ausdruck der Herrlichkeit Gottes: *Gloria Dei vivens homo* – die Herrlichkeit Gottes ist der lebendige Mensch.[7]

---

7 Irenäus von Lyon, *Adversus haereses*, IV, 20, 7

6. DIE ERLÖSUNG – EIN SIEG ALS GABE UND AUFGABE FÜR DEN MENSCHEN

Erlösung, Vergebung und Rechtfertigung sind also Ausdrucksformen der Liebe Gottes und seiner Barmherzigkeit gegenüber dem Menschen. Welche Beziehung besteht zwischen dem Mysterium der Erlösung und der menschlichen Freiheit? Wie stellt sich im Licht der Erlösung der Weg dar, den der Mensch wählen muss, um seine Freiheit vollkommen zu verwirklichen?

Im Mysterium der Erlösung ist der Sieg Christi über das Böse dem Menschen nicht nur als persönlicher Gewinn gegeben, sondern auch als Aufgabe. Der Mensch übernimmt diese Aufgabe, indem er sich auf den Weg des inneren Lebens begibt, d. h. auf den Weg eines bewussten Arbeitens an sich selbst – eines Arbeitens unter der Anleitung des Lehrmeisters Christus. Eben diesen Weg zu gehen, ruft das Evangelium den Menschen auf: Immer wieder erscheint das »Folge mir nach« Christi, und es ist an verschiedene Menschen gerichtet, nicht nur an die Fischer aus Galiläa, die Jesus beruft, seine Apostel zu werden (vgl. *Mt* 4, 19; *Mk* 1, 17; *Joh* 1, 43), sondern z. B. auch an den reichen Jüngling, von dem die Synoptiker berichten (vgl. *Mt* 19, 16–22; *Mk* 10, 17–22; *Lk* 18, 18–23). Das Gespräch zwischen Jesus und ihm ist einer der Schlüsseltexte, auf die man unter verschiedenen Gesichtspunkten immer wieder zurückkommen muss, wie ich es z. B. in der Enzyklika *Veritis splendor* getan habe.[8]

Das »Folge mir nach!« ist eine Einladung, den Weg anzutreten, auf den uns die innere Dynamik des Mysteriums der Erlösung führt. Auf diesen Weg bezieht sich die in den Traktaten über das innere Leben und die mystische Erfahrung weit verbreitete Lehre von den drei Etappen, die jeder durchschreiten muss, der »Christus nachfolgen« will. Manchmal werden diese drei Etappen selbst »Wege« genannt. Dann spricht man von dem Weg der Läuterung, dem Weg der Erleuchtung und dem Weg der Vereinigung. In Wirklichkeit handelt es sich aber nicht um drei verschiedene Wege, sondern um drei Abschnitte desselben Weges, auf den Jesus jeden Menschen ruft, wie er einst den Jüngling aus dem Evangelium einlud.

Als der junge Mann fragt: »Meister, was muss ich Gutes tun, um das ewige Leben zu gewinnen?«, antwortet ihm Christus: »Wenn du das Leben erlangen willst, halte die Gebote!« (*Mt* 19, 16f u. par.). Und als der Jüngling weiter fragt: »Welche?«, ruft Christus ihm schlicht die wichtigsten Gebote des Dekalogs ins Gedächtnis, besonders die der so genannten »zweiten Tafel«, d. h. die, welche die Beziehungen zum Nächsten betreffen. Nach der Lehre Christi leiten sich jedoch bekanntlich alle Gebote von dem Gebot ab, Gott über alles und den Nächsten wie sich selbst zu lieben. Ausdrücklich sagt er das zu einem Gesetzeslehrer, der ihn darüber befragt hatte (vgl. *Mt* 22, 34–40; *Mk* 12, 28–31). Das Befolgen der Gebote ist, wenn es recht verstanden wird, ein Synonym für den Weg der Läuterung, denn es bedeutet, die Sünde, das moralisch Schlechte in seinen verschiedenen Formen

---

8 Vgl. Nr. 6–27

zu besiegen. Und das bewirkt eine fortschreitende innere Läuterung.

Zugleich führt es dazu, die Werte zu entdecken. Man kann also folgern, dass der Weg der Läuterung in organischer Weise in den Weg der Erleuchtung einmündet. Die Werte sind nämlich Lichter, die das Dasein erhellen und in dem Maß, wie der Mensch an sich arbeitet, immer intensiver am Horizont seines Lebens erstrahlen. Parallel zur Einhaltung der Gebote, die vor allem eine läuternde Bedeutung hat, entwickeln sich also im Menschen die Tugenden. Indem er z. B. das Gebot: »Du sollst nicht töten!« einhält, entdeckt der Mensch den Wert des Lebens unter verschiedenen Aspekten und entwickelt eine immer höhere Achtung ihm gegenüber. Durch die Beachtung des Gebotes: »Du sollst nicht die Ehe brechen!« eignet sich der Mensch die Tugend der Reinheit an, und das bedeutet, dass er die eigentliche, nicht zweckgebundene Schönheit des menschlichen Körpers, der Männlichkeit und der Weiblichkeit, immer besser entdeckt. Gerade diese zweckfreie Schönheit wird zum Orientierungslicht für seine Handlungen. Indem er das Gebot: »Du sollst kein falsches Zeugnis geben!« befolgt, erlernt der Mensch die Tugend der Wahrheitsliebe. Er schließt aus seinem Leben nicht nur jede Lüge und jede Heuchelei aus, sondern entwickelt in sich eine Art »Instinkt für die Wahrheit«, der all sein Handeln bestimmt. Und indem er so in der Wahrheit lebt, gewinnt sein Menschsein eine wesenseigene Wahrhaftigkeit.

In dieser Weise geht also auf dem Weg des inneren Lebens der Abschnitt der Erleuchtung schrittweise aus dem der Läuterung hervor. Und wenn der Mensch seinem Meister, Christus, mit Ausdauer folgt, empfindet er im Laufe der Zeit in sich die Last des Kampfes gegen die Sünde immer weniger und erfreut sich zunehmend des göttlichen Lichtes, das die ganze Schöpfung durchflutet. Das ist von größter Bedeutung, denn es ermöglicht dem Menschen, aus einer Situation herauszukommen, in der er innerlich ständig der Gefahr zu sündigen ausgesetzt ist – auch wenn diese Gefahr auf dieser Erde nie ganz überwunden werden kann –, und sich mit zunehmender Freiheit inmitten der Schöpfung zu bewegen. Diese Freiheit und Einfachheit behält er auch im Kontakt mit den Menschen, auch mit denen des anderen Geschlechts. Das innere Licht erhellt sein Handeln und zeigt ihm, wie alles Gute der Schöpfung aus Gottes Händen kommt. Auf diese Weise bilden der Weg der Läuterung und dann der Weg der Erleuchtung die organische Einführung in die Etappe, die als der Weg der Vereinigung bezeichnet wird. Es ist der letzte Abschnitt des inneren Weges; auf ihm erfährt die Seele eine besondere Vereinigung mit Gott. Dieses Einswerden vollzieht sich in der Kontemplation des göttlichen Wesens und in der Erfahrung der Liebe, die daraus mit wachsender Intensität entspringt. Darin erhält man gewissermaßen einen Vorgeschmack dessen, was des Menschen Los jenseits der Grenze von Tod und Grab in der Ewigkeit sein wird. Tatsächlich lehrt Christus als der oberste Lehrmeister des geistlichen Lebens des Menschen und mit ihm auch alle, die seiner Schule gefolgt sind, dass man den Weg der Vereinigung mit Gott bereits in diesem Leben beginnen kann.

Die dogmatische Konstitution *Lumen gentium* sagt: »Christus ist gehorsam geworden bis zum Tod. Deshalb wurde er vom Vater erhöht (vgl. *Phil* 2, 8–9) und ging in die Herrlichkeit seines Reiches ein. Ihm ist alles unterworfen, bis er selbst sich und alles Geschaffene dem Vater unterwirft, damit Gott alles in allem sei (vgl. *1 Kor* 15, 27–28).«[9] Wie man sieht, bewegt sich das Konzil in einem sehr weiten Kontext, wenn es erklärt, worin die Teilhabe an der königlichen Sendung Christi besteht. Zugleich aber helfen uns diese Worte zu verstehen, wie sich die Vereinigung mit Gott im zeitlichen Leben verwirklichen kann. Wenn der von Christus gewiesene königliche Weg schließlich in den Zustand führt, in dem »Gott alles in allem sein wird«, dann vollzieht sich die Vereinigung mit Gott, die auf Erden verwirklicht wird, aufgrund genau desselben Prinzips. Der Mensch begegnet Gott in allem, ist in allem und durch alles in Kontakt mit ihm. Die erschaffene Welt ist nicht mehr wie früher – vor allem, als er sich noch auf dem Weg der Läuterung befand – eine Gefahr für ihn. Die Dinge und besonders die Menschen gewinnen nicht nur das ihnen eigene Licht zurück, das der Schöpfergott in sie hineingelegt hat, sondern sie stellen – wenn man das so ausdrücken kann – »einen direkten Zugang« zu Gott selbst dar, so wie er sich dem Menschen offenbaren wollte: als Vater, als Erlöser und als Bräutigam.

---

9 Dogmatische Konstitution über die Kirche, *Lumen gentium*, Nr. 36

FREIHEIT UND VERANTWORTUNG

7. FÜR EINEN RECHTEN GEBRAUCH DER FREIHEIT

Nach dem Sturz der totalitären Systeme, in denen die Versklavung der Menschen ihren Gipfel erreicht hatte, eröffnete sich für die unterdrückten Bürger die Perspektive der Freiheit, die Möglichkeit also, autonom über sich zu entscheiden. Darüber ist bereits viel diskutiert worden. Die grundsätzliche Frage aber ist diese: Wie sollten die Möglichkeiten der freien Entscheidung genutzt werden, um in Zukunft eine Rückkehr des in diesen Systemen und Ideologien wirkenden Übels zu vermeiden?

Wenn die Gesellschaften sich nach dem Sturz der totalitären Systeme frei gefühlt haben, ist nahezu gleichzeitig ein Grundsatzproblem aufgetaucht: das des Umgangs mit der Freiheit. Das ist ein Problem, welches nicht nur den Einzelnen betrifft, sondern auch kollektive Dimensionen besitzt. Darum bedarf es einer in gewisser Weise grundsätzlichen Lösung. Wenn ich frei bin, dann bedeutet das, dass ich in guter oder in schlechter Weise von meiner Freiheit Gebrauch machen kann. Tue ich es in guter Weise, dann werde ich selbst dadurch besser, und das von mir verwirklichte Gute übt auf meine Umgebung einen positiven Einfluss aus. Wenn ich mich dagegen ihrer in schlechter Weise bediene, wird das die Verwurzelung und Verbreitung des Schlechten in mir und meiner Umgebung zur Folge haben. Die Gefährlichkeit der heutigen Lebenssituation besteht in der Tatsache, dass der Anspruch erhoben wird, im

Gebrauch der Freiheit die ethische Dimension auszuklammern, d. h. davon abzusehen, das moralisch Gute und Schlechte in Betracht zu ziehen. Ein bestimmtes Verständnis von Freiheit, das gegenwärtig in der öffentlichen Meinung weite Resonanz findet, lenkt die Aufmerksamkeit des Menschen von der ethischen Verantwortung ab. Allein die Freiheit wird betont. Es heißt, das, worauf es ankomme, sei, frei zu sein, völlig frei von Hindernissen und Bindungen, um nach eigenen Urteilen und Prinzipien zu handeln, die dann in Wirklichkeit oft nur Launen sind. Es ist klar, dass ein solcher Liberalismus nur als primitiv bezeichnet werden kann. Sein Einfluss ist jedenfalls potenziell zerstörerisch.

Es muss aber sogleich angemerkt werden, dass die europäischen Traditionen, besonders die Periode der Aufklärung, die Notwendigkeit eines richtungweisenden Kriteriums für den Gebrauch der Freiheit anerkannt haben. Dieses Kriterium wurde jedoch nicht so sehr im in sich Guten *(bonum honestum)* gesehen als vielmehr im Nützlichen oder in dem, was angenehm ist. Damit stoßen wir auf ein sehr bedeutendes Element der Tradition des europäischen Denkens, auf das etwas näher eingegangen werden muss.

Im menschlichen Handeln tendieren die verschiedenen geistigen Fähigkeiten zu einer Synthese. In dieser Synthese übernimmt der Wille die führende Rolle. So prägt der Mensch dem Handeln seine eigene Rationalität auf. Die Akte des Menschen sind frei, und als solche bringen sie die Verantwortlichkeit des Subjekts ins Spiel. Der Mensch will etwas bestimmtes Gutes und wählt es; folglich ist er für seine Wahl verantwortlich.

Vor dem Hintergrund dieser metaphysischen und zugleich anthropologischen Sicht des Guten wird eine Unterscheidung speziell ethischer Natur notwendig. Es handelt sich um die Unterscheidung zwischen dem in sich Guten *(bonum honestum)*, dem Nützlichen *(bonum utile)* und dem Angenehmen *(bonum delectabile)*. Diese drei Arten des Guten bestimmen das Handeln des Menschen in organischer Weise. Er entscheidet sich für eine von ihnen, die dann zum Ziel seines Handelns wird. Wenn er ein *bonum honestum* wählt, bedeutet das, dass sein Ziel dem eigentlichen Wesen des Gegenstands seiner Handlung gerecht wird und somit ein rechtschaffenes, im eigentlichen Sinne gutes Ziel ist. Wenn er hingegen ein *bonum utile* wählt, so ist sein Ziel sein eigener Vorteil. Die Frage nach der Moralität seines Handelns bleibt noch offen: Nur wenn die Tat, die ihm zum Vorteil gereicht, sowie die verwendeten Mittel rechtschaffen sind, kann auch das Ziel als rechtschaffen bezeichnet werden. Genau an diesem Punkt setzt die Spaltung an zwischen der Tradition der aristotelisch-thomistischen Ethik und dem modernen Utilitarismus.

Der Utilitarismus hat die erste und grundlegende Dimension des Guten, die des *bonum honestum*, aus den Augen verloren. Die utilitaristische Anthropologie und die aus ihr hervorgehende Ethik gehen von der Überzeugung aus, dass der Mensch grundsätzlich sein eigenes Interesse oder das der Gruppe, zu der er gehört, anstrebt. Im Endeffekt ist der persönliche oder der korporative Vorteil Ziel und Zweck des menschlichen Handelns. Was das *bonum delectabile* betrifft, so wird in der aristotelisch-thomistischen Tradition natürlich auch dieses in Betracht gezogen. Die großen Denker dieser Richtung sind sich in ihrer Reflexion der Tatsache voll bewusst, dass das Vollbringen von etwas in sich Gutem immer mit einer inneren Freude einhergeht – mit der Freude am Guten. Im Denken der Utilitaristen sind dagegen die Dimension des Guten und die Dimension der Freude von der Suche nach dem Nutzen oder der Glückserfahrung auf den zweiten Platz verdrängt worden. In diesem neuen Ansatz hat sich das *bonum delectabile* des thomistischen Denkens in gewissem Sinne emanzipiert, indem es zum Selbstwert und zum Selbstzweck geworden ist. Nach utilitaristischer Sicht sucht der Mensch in seinem Handeln vor allem den »Nutzen« bzw. die »Glückserfahrung« und nicht das *honestum*. Gewiss, die Utilitaristen wie Jeremy Bentham oder John Stuart Mill betonen, dass es sich nicht nur um Vergnügen auf der Ebene der Sinne handelt: Auch die geistigen Freuden werden ins Spiel gebracht. Man muss – wie sie sagen – auch sie berücksichtigen, wenn man die so genannte »Glücksbilanz« zieht. Gerade diese »Bilanz« stellt in ihrer Denkweise den »normativen« Ausdruck der utilitaristischen Ethik dar: das größtmögliche »Glück« für die größtmögliche Anzahl von Menschen. Unter diesem Aspekt sollen das Handeln des Einzelnen und die Zusammenarbeit unter den Menschen gestaltet werden.

Eine Antwort auf die utilitaristische Ethik wurde in der Philosophie von Immanuel Kant angeboten. Der Königsberger Philosoph betonte zu Recht, dass es gefährlich ist und das Wesen der Moral selbst bedroht, in der Analyse des menschlichen Handelns die Glückserfahrung an erste Stelle zu setzen. In seiner aprioristischen Sicht der Wirklichkeit stellte Kant gleichzeitig zwei Dinge infrage, nämlich das Vergnügen und den Nutzen. Trotzdem kehrte er nicht zur Tradition des *bonum honestum* zurück. Stattdessen gründete er die ganze menschliche Moral auf die

aprioristischen Formen der praktischen Vernunft, die imperativen Charakter besitzen. Wesentlich für die Moral ist der kategorische Imperativ, der seiner Meinung nach in der folgenden Formulierung seinen Ausdruck findet: »Handle nur nach derjenigen Maxime, durch die du zugleich wollen kannst, daß sie ein allgemeines Gesetz werde.«[10]
Es gibt dann noch eine zweite Form des kategorischen Imperativs, in welcher der Mensch an den Ort gestellt wird, der ihm in der moralischen Ordnung zukommt. Sie lautet so: »Handle so, daß du die Menschheit, sowohl in deiner Person, als in der Person eines jeden andern, jederzeit zugleich als Zweck, niemals bloß als Mittel brauchest.«[11] In dieser Form bezieht das ethische Denken Kants die Dimension von Zweck und Mittel wieder ein, jedoch nicht als Kategorien erster, sondern nur zweiter Ordnung. Kategorie erster Ordnung wird der Mensch. Kant hat in gewissem Sinne den Grund gelegt für den modernen ethischen Personalismus. Das ist unter dem Gesichtspunkt der Entwicklung der ethischen Reflexion eine sehr wichtige Etappe. Auch die Neuthomisten haben das Prinzip des Personalismus wieder aufgegriffen, indem sie sich auf die Vorstellung des *bonum honestum, bonum utile* und *bonum delectabile* des Thomas von Aquin stützten.
Aus dieser zusammenfassenden Darstellung wird ersichtlich, dass die Frage nach dem rechten Gebrauch der Freiheit eng verbunden ist mit der Reflexion über das Thema von Gut und Böse. Es ist eine spannende Frage, nicht allein unter praktischem, sondern auch

---

10 Immanuel Kant, *Grundlegung zur Metaphysik der Sitten*, in *Werke in sechs Bänden*, Bd. 4, Darmstadt 1956, S. 51
11 *Ebd.*, S. 61

unter theoretischem Gesichtspunkt. Wenn die Ethik die philosophische Wissenschaft ist, die vom moralisch Guten und moralisch Schlechten handelt, dann muss sie ihr fundamentales Urteilskriterium aus der wesentlichen Eigenschaft des menschlichen Willens ableiten, welche die Freiheit ist. Der Mensch kann das Gute oder das Böse tun, weil sein Wille frei, aber auch fehlbar ist. Wenn er sich entscheidet, dann tut er das immer im Licht eines Kriteriums, und dieses Kriterium kann das objektiv Gute oder aber der Nutzen im utilitaristischen Sinne sein. Mit der Ethik des kategorischen Imperativs hat Kant zu Recht den Pflichtcharakter der moralischen Entscheidungen des Menschen hervorgehoben, zugleich hat er sich jedoch von dem gelöst, was das wirklich objektive Kriterium dieser Entscheidungen bildet. Er hat die subjektive Verpflichtung betont, jedoch das vernachlässigt, was das Fundament der Moral ist, nämlich das *bonum honestum*. Das *bonum delectabile* schließlich, in dem Sinn, wie es die angelsächsischen Utilitaristen verstanden, hat Kant aus dem Bereich der Moral im Wesentlichen ausgeschlossen.

Der ganze bisher entwickelte Gedankengang über die Theorie von Gut und Böse gehört zur Moralphilosophie. Diesen Problemen habe ich einige Jahre der Arbeit an der Katholischen Universität von Lublin gewidmet. Meine diesbezüglichen Überlegungen fanden ihren Niederschlag in dem Band *Liebe und Verantwortung* und dann in der Abhandlung *Person und Tat* und schließlich in einer späteren Etappe in den Mittwoch-Katechesen, die unter dem Titel »*Als Mann und Frau erschuf er sie*« veröffentlicht wurden. Auf der Basis weiterer Lektüre und auch aufgrund meiner Untersuchungen während des Ethikseminars in Lublin konnte ich mich davon überzeugen, wie sehr diese Problematik bei verschiedenen zeitgenössischen Denkern spürbar wird: bei Max Scheler und den anderen Phänomenologen, bei Jean-Paul Sartre, bei Emmanuel Lévinas und Paul Ricœur, aber auch bei Wladimir Sergejewitsch Solowjow – ganz zu schweigen von Fjodor Michajlowitsch Dostojewskij. In diesen Analysen der anthropologischen Realität wird in verschiedener Weise das Streben der Menschheit nach Erlösung spürbar und bestätigt sich die Notwendigkeit des Erlösers für das Heil des Menschen.

8. DIE FREIHEIT EXISTIERT FÜR DIE LIEBE

Die jüngste Geschichte hat uns umfassende und in tragischer Weise eloquente Belege geboten für den schlechten Gebrauch der Freiheit. Dagegen müsste nun die Grundsatzfrage im positiven Sinne geklärt werden: Worin besteht die Freiheit, und wozu dient sie?

Hier sprechen wir ein Problem an, das in unserer gesamten Vergangenheit bereits wichtig war, nun aber, nach den Ereignissen von 1989, noch an Bedeutung gewonnen hat. Was ist eigentlich die menschliche Freiheit? Die Antwort lässt sich bereits bei Aristoteles ausmachen. Für ihn ist die Freiheit eine Eigenschaft des Willens, die durch die Wahrheit verwirklicht wird. Sie wird dem Menschen gegeben als eine zu verwirklichende Aufgabe. Es gibt keine Freiheit ohne Wahrheit. Die Freiheit ist eine ethische Kategorie. Aristoteles lehrt dies vor allem in seiner *Nikomachischen Ethik*, die auf die rationale Wahrheit gegründet ist. Diese natürliche Ethik ist von Thomas von Aquin in seiner *Summa Theologiae* im Wesentlichen übernommen worden. So kam es, dass die *Nikomachische Ethik* in der Geschichte der Moral weiterhin wirksam blieb, allerdings bereits mit den Merkmalen einer christlich-thomistischen Ethik.

Thomas übernahm das aristotelische System der Tugenden vollständig. Das Gute, das sich der menschlichen Freiheit bietet, um vollbracht zu werden, ist genau das Gute der Tugenden. Es handelt sich vor allem um die so genannten vier Kardinaltugenden: Klugheit, Gerechtigkeit, Tapferkeit und Maß. Die Klugheit hat eine Steuerungsfunktion. Die Gerechtigkeit regelt die soziale Ordnung. Maß und Tapferkeit lenken hingegen die innere Ordnung des Menschen, d. h., sie bestimmen das Gute in Beziehung zur menschlichen Reizbarkeit und Konkupiszenz, zur *vis irascibilis* und zur *vis concupiscibilis*. So liegt also der *Nikomachischen Ethik* deutlich erkennbar eine regelrechte Anthropologie zugrunde.

In das System der Kardinaltugenden fügen sich die anderen Tugenden ein, die ihnen in verschiedener Weise untergeordnet sind. Man kann sagen, dass dieses System, von dem die Selbstverwirklichung der menschlichen Freiheit in der Wahrheit abhängt, umfassend ist. Es handelt sich nicht um ein abstraktes und aprioristisches System. Aristoteles geht von der Erfahrung des moralischen Subjekts aus. Auch für Thomas ist der Ausgangspunkt die moralische Erfahrung, er versucht jedoch, sie in das Licht zu rücken, das aus der Heiligen Schrift hervorgeht. Das größte Licht ist das Gebot der Gottes- und der Nächstenliebe. In ihm findet die Freiheit des Menschen ihre vollständigste Verwirklichung. Die Freiheit existiert für die Liebe. Die Verwirklichung der Freiheit durch die Liebe kann sogar einen heldenhaften Grad erreichen. Tatsächlich spricht Christus davon, »das Leben hinzugeben« für die anderen, für die Mitmenschen. In der Geschichte des Christentums fehlt es nicht an denen, die auf verschiedene Weise »das Leben hingegeben haben« für den Nächsten, und die das getan haben, um dem Beispiel Christi zu folgen. Das trifft im Besonderen zu für die Märtyrer, deren Zeugnis das Christentum seit der

Zeit der Apostel begleitet und bis in unsere Zeit hineinreicht. Das 20. Jahrhundert war das große Jahrhundert der christlichen Märtyrer, und das sowohl in der katholischen Kirche als auch in den anderen Kirchen und kirchlichen Vereinigungen.

Um noch einmal auf Aristoteles zurückzukommen, muss ergänzend gesagt werden, dass er neben der *Nikomachischen Ethik* noch ein Werk über die Sozialethik hinterlassen hat, das den Titel *Politik* trägt. Darin setzt er sich nicht mit den Fragen der konkreten Strategien des politischen Lebens auseinander, sondern beschränkt sich darauf, die ethischen Prinzipien festzulegen, auf die jedes gerechte politische System gegründet sein müsste. An dieses Werk des Aristoteles knüpft in besonderer Weise die katholische Soziallehre an, der angesichts der Probleme der Arbeiterschaft in der neueren Zeit eine bemerkenswerte Bedeutung zukommt. Nach der großen Enzyklika *Rerum novarum* Leos XIII. aus dem Jahr 1891 hat das 20. Jahrhundert verschiedene Dokumente des Lehramtes zu verzeichnen, die eine wesentliche Bedeutung für die nicht wenigen Fragen besitzen, die nach und nach im sozialen Bereich aufgetaucht sind. Die Enzyklika *Quadragesimo anno* von Pius XI., die zum 40. Jahrestag der Enzyklika *Rerum novarum* veröffentlicht wurde, geht die Arbeiterfrage direkt an. Johannes XXIII. seinerseits beschäftigt sich in der Enzyklika *Mater et magistra* tief greifend mit der sozialen Gerechtigkeit in Bezug auf den weiten Bereich der Landarbeiter, und in der Enzyklika *Pacem in terris* skizziert er dann die großen Regeln eines gerechten Friedens und einer neuen internationalen Ordnung, indem er die Grundgedanken aufnimmt und weiterentwickelt, die bereits in einigen bedeutenden Beiträgen Pius' XII. vorhanden waren. Paul VI. kommt in seinem Apostolischen Schreiben *Octogesima adveniens* auf das Problem der industriellen Arbeit zurück, während er sich in der Enzyklika *Populorum progressio* speziell mit der Analyse der Merkmale eines gerechten Fortschritts beschäftigt. Diese ganze Problematik steht auch den Konzilsvätern des Zweiten Vatikanums vor Augen, die sich besonders in der pastoralen Konstitution *Gaudium et spes* damit auseinander setzen. Ausgehend von der Grundfrage der Berufung des Menschen, analysiert das Konzilsdokument der Reihe nach deren vielfache Dimensionen. Im Einzelnen beschäftigt es sich ausführlich mit dem Thema Ehe und Familie, stellt sich Fragen zur Kultur und setzt sich mit den komplexen Problemen des wirtschaftlichen, politischen und sozialen Lebens sowohl im nationalen als auch im internationalen Bereich auseinander. Auf diese letzten Fragen bin ich selbst in den beiden Enzykliken *Sollicitudo rei socialis* und *Centesimus annus* noch einmal eingegangen. Zuvor hatte ich jedoch bereits eine Enzyklika eigens der menschlichen Arbeit gewidmet; sie trägt den Titel *Laborem exercens*. Ihre Veröffentlichung war für den 90. Jahrestag der Enzyklika *Rerum novarum* vorgesehen, musste aber infolge des Attentats auf das Leben des Papstes verschoben werden.

Man kann sagen, dass an der Wurzel all dieser Dokumente des Lehramts das Thema der Freiheit des Menschen steht. Die Freiheit wird dem Menschen vom Schöpfer gegeben als Gabe und Aufgabe zugleich. Der Mensch ist nämlich dazu berufen, mit seiner Freiheit die Wahrheit über das Gute anzunehmen und zu verwirklichen. Indem er einen wahren Wert in seinem persönlichen Leben und in der Familie, im wirtschaftlichen und politischen Bereich, auf nationaler und internationaler Ebene wählt und in die Tat umsetzt, verwirklicht er seine eigene Freiheit in der Wahrheit. Das gestattet ihm, mögliche Irrwege zu vermeiden oder zu überwinden, die die Geschichte verzeichnet. Einer von ihnen war sicherlich der Machiavellismus der Renaissance; als Irrwege sind jedoch ebenso die verschiedenen Formen eines gesellschaftlichen Utilitarismus zu bezeichnen, angefangen von dem der Klassen (Marxismus) bis zu dem nationalen (Nationalsozialismus, Faschismus). Nachdem diese beiden Systeme in Europa zusammengebrochen waren, stellte sich den Gesellschaften – besonders denen des ehemaligen sowjetischen Blocks – das Problem des Liberalismus. Über dieses Problem wurde anlässlich der Enzyklika *Centesimus annus* und – unter anderem Aspekt – anlässlich der Enzyklika *Veritatis splendor* sehr viel diskutiert. In diesen Debatten kehren immer neu die ewigen Fragen wieder, die bereits am Ende des 19. Jahrhunderts von Leo XIII. behandelt worden waren, der der Problematik der Freiheit mehrere Enzykliken gewidmet hatte.

Diese kurze, auf die wesentlichen Züge beschränkte Analyse der Geschichte der Reflexion über dieses Thema zeigt, wie grundlegend die Frage nach der menschlichen Freiheit ist. Die Freiheit ist in dem Maße wirklich Freiheit, wie sie die Wahrheit über das Gute verwirklicht. Nur dann ist auch sie selbst etwas Gutes. Wenn die Freiheit aufhört, mit der Wahrheit verbunden zu sein, und beginnt, sie von sich abhängig zu machen, schafft sie die Voraussetzungen für moralisch schädliche Folgen, deren Ausmaße mitunter unberechenbar sind. In diesem Fall provoziert der Missbrauch der Freiheit eine Reaktion, die im einen oder anderen totalitären System Gestalt annimmt. Auch das ist eine der Formen des Verfalls der Freiheit, dessen Konsequenzen wir im 20. Jahrhundert erlebt haben, und nicht nur im 20. Jahrhundert.

9. DIE LEHRE DER JÜNGSTEN GESCHICHTE

Heiliger Vater, Sie waren unmittelbarer Zeuge einer langen und schwierigen geschichtlichen Periode Polens und der Länder des ehemaligen Ostblocks (1939–1989). Welche Lehre kann man Ihrer Meinung nach aus den Erfahrungen in Ihrem Heimatland ziehen und speziell aus dem, was die polnische Kirche während dieser Zeit erlebt hat?

Die 50 Jahre des Kampfes gegen den Totalitarismus stellen eine Epoche dar, der man eine gewisse, von der Vorsehung bestimmte Bedeutung nicht absprechen kann. In ihr wurde nämlich die gesellschaftliche Notwendigkeit einer Selbstverteidigung gegen die Versklavung eines gesamten Volkes deutlich. Es handelte sich um eine Selbstverteidigung mit nicht nur negativer Ausrichtung. Neben der Verwerfung des Nazismus als eines auf die Zerstörung Polens ausgerichteten Systems und der Absage an den Kommunismus als ein vom Osten aufgezwungenes Unterdrückungssystem verfolgte die Gesellschaft in ihrem Widerstand auch Ideale von höchst positivem Inhalt. Ich will damit sagen, dass es sich nicht nur um eine bloße Ablehnung dieser feindlichen Systeme handelte. Es fanden in jenen Jahren auch die Rückgewinnung und Festigung der fundamentalen Werte statt, aus denen das Volk lebte und denen es treu zu bleiben wünschte. Ich denke dabei sowohl an die relativ kurze Zeit der deutschen Besatzung als auch an die über 40 Jahre der kommunistischen Herrschaft während der Volksrepublik Polen.

Vollzog sich dieser Prozess voll bewusst? War es bis zum gewissen Grade ein instinktiver Prozess? Mag sein, dass er in vielen Fällen einen eher instinktiven Charakter zeigte. Die Polen drückten mit ihrer Opposition weniger eine auf theoretische Motivationen gegründete Wahl aus als vielmehr einfach die Tatsache, dass sie gar nicht anders konnten, als Widerstand zu leisten. Es war eine Frage von Instinkt oder Intuition, obschon all das auch eine tiefere Bewusstmachung der religiösen und zivilen Werte anregte, die an der Basis dieser Ablehnung standen – und das in einem in der Geschichte Polens bisher unbekannten Ausmaß.

Ich möchte hier kurz ein Gespräch erwähnen, das ich während meiner Studien in Rom mit einem meiner Kameraden im Kolleg hatte, einem Flamen aus Belgien. Dieser junge Priester war dem Werk von Joseph Cardijn verbunden, der später Kardinal wurde. Das Werk ist unter der Abkürzung JOC bekannt, die für *Jeunesse Ouvrière Chrétienne* (Christliche Arbeiterjugend) steht. Thema unserer Unterhaltung war die Situation, die in Europa am Ende des Zweiten Weltkriegs entstanden war. Mein Kollege drückte sich etwa so aus: »Der Herr hat zugelassen, dass ein Übel wie der Kommunismus gerade euch befiel ... Und warum hat er es zugelassen?« Auf die Frage gab er selbst eine Antwort, die ich für bedeutsam halte: »Uns im Westen ist das vielleicht deshalb erspart geblieben, weil wir nicht imstande gewesen wären, eine solche Prüfung durchzustehen. Ihr aber werdet es schaffen.« Dieser Satz des jungen Flamen ist mir im Gedächtnis haften geblieben. Bis zu einem gewissen Grade besaß er prophetischen Wert. Häufig komme ich in meinen Gedanken auf ihn zurück, und es wird mir immer deutlicher, dass diese Worte eine Diagnose enthielten.

Natürlich darf man das Problem nicht zu sehr vereinfachen, indem man eine polarisierende Sicht eines in West und Ost geteilten Europas hervorhebt. Die Länder Westeuropas haben eine ältere christliche Tradition. Hier hat die christliche Kultur ihre Höhepunkte erreicht. Es sind Völker, welche die Kirche um eine große Anzahl Heiliger bereichert haben. In Westeuropa sind herrliche Kunstwerke entstanden: die majestätischen romanischen und gotischen Kathedralen, die barocken Basiliken, die Malerei des Giotto, des Beato Angelico und der unzähligen Künstler des 15. und 16. Jahrhunderts, die Skulpturen des Michelangelo, die Kuppel von St. Peter und die Sixtinische Kapelle. Es sind dort theologische »Summae« geschrieben worden, unter denen die des Thomas von Aquin besonders hervorragt; es haben sich die erhabensten Traditionen der christlichen Spiritualität entwickelt, sind die Werke der Mystiker und Mystikerinnen der germanischen Länder, die Schriften der hl. Katharina von Siena in Italien und die der hl. Teresa von Avila und des hl. Johannes vom Kreuz in Spanien entstanden. In Westeuropa bildeten sich die großen monastischen Orden, angefangen mit dem des hl. Benedikt, der sicherlich als der Vater und Erzieher ganz Europas bezeichnet werden kann, über die verdienstvollen Bettelorden der Franziskaner und der Dominikaner bis hin zu den Kongregationen der katholischen Reform und der folgenden Jahrhunderte, die in der Kirche so viel Gutes gewirkt haben und immer noch wirken. Ursprung und Kraftquelle der großen missionarischen Unternehmungen lagen vor allem im europäischen Westen, und heute entstehen dort großartige und dynamische apostolische Bewegungen, deren Zeugnis auch für die weltliche Ordnung unmöglich fruchtlos bleiben kann. In diesem Sinne können wir sagen, dass Christus immer der »Eckstein« der Konstruktion und der Rekonstruktion der Gesellschaften im christlichen Westen ist.

Gleichzeitig kann man jedoch nicht über das hartnäckige Wiederauftauchen der Ablehnung Christi hinwegsehen. Immer neu offenbaren sich die Zeichen einer Gesellschaft, die anders ist als die, deren »Eckstein« Christus ist – einer Gesellschaft, die, wenn nicht programmatisch atheistisch, so doch mit Sicherheit positivistisch und agnostisch ist, da ihr Orientierungsprinzip darin besteht, so zu denken und zu handeln, als gäbe es Gott nicht. Diesen Ansatz kann man leicht bemerken in der heutigen so genannten wissenschaftlichen, oder besser szientistischen, Denkweise sowie auch in der Literatur und ganz besonders in den Massenmedien. So zu leben, als ob Gott nicht existierte, bedeutet, außerhalb der Koordinaten von Gut und Böse zu leben, d. h. außerhalb jenes Wertezusammenhangs, dessen Quelle Gott selbst ist. Es wird der Anspruch erhoben, dass im Gegenteil der Mensch es sei, der zu entscheiden habe, was gut und was böse ist. Und dieser Grundsatz wird auf verschiedene Weise und von verschiedenen Seiten vorgebracht und propagiert.

Wenn der Westen einerseits weiterhin Zeugnis gibt für das Wirken des Fermentes des Evangeliums, so sind andererseits die Strömungen der Anti-Evangelisierung nicht weniger stark. Diese trifft die Grundlagen der menschlichen Moral selbst, indem sie die Familie einbezieht und die moralische Permissivität propagiert: die Ehescheidung, die freie Liebe, die

Abtreibung, die Empfängnisverhütung, den Kampf gegen das Leben in seinem Anfangsstadium wie in seiner Endphase und die Manipulation des Lebens. Dieses Programm arbeitet mit enormen finanziellen Mitteln, nicht nur in den einzelnen Nationen, sondern auch auf Weltebene. Tatsächlich verfügt es über große Zentren ökonomischer Macht, mit deren Hilfe es versucht, den Entwicklungsländern die eigenen Konditionen aufzuzwingen. In Anbetracht all dessen kann man sich zu Recht fragen, ob das nicht eine andere Form von Totalitarismus ist, die sich heimtückisch verbirgt unter dem Anschein der Demokratie. Mag sein, dass mein flämischer Kamerad damals all das im Sinn hatte, als er sagte, dass wir im Westen vielleicht »nicht imstande gewesen wären, eine solche Prüfung durchzustehen«, und hinzufügte: »Ihr aber werdet es schaffen.« Es ist bezeichnend, dass ich, als ich bereits Papst war, dieselbe Meinung aus dem Munde eines herausragenden europäischen Politikers noch einmal zu hören bekam. Er sagte zu mir: »Falls der sowjetische Kommunismus sich gen Westen ausbreiten sollte, werden wir nicht imstande sein, uns zu verteidigen ... Es gibt keine Kraft, die uns für eine solche Verteidigung gerüstet hätte ...« Wir wissen, dass der Kommunismus schließlich aufgrund der sozioökonomischen Unzulänglichkeit seines Systems zusammengebrochen ist. Das heißt jedoch nicht, dass er als Ideologie und als Philosophie wirklich verworfen worden ist. In gewissen Kreisen des Westens wird sein Untergang immer noch als Schaden betrachtet und sein Verschwinden beklagt. Was können wir also aus jenen Jahren lernen, die von den Ideologien des Bösen und dem Kampf gegen sie beherrscht wurden? Ich denke, dass wir vor allem lernen müssen, an die Wurzeln zu gehen. Nur dann kann das vom Faschismus und vom Kommunismus verursachte Übel uns in gewissem Sinne »bereichern«, kann es uns zum Guten führen, und das ist zweifellos der christliche Grundsatz. »Lass dich nicht vom Bösen besiegen, sondern besiege das Böse durch das Gute« (*Röm* 12, 21), schreibt der hl. Paulus. Unter diesem Gesichtspunkt können wir in Polen bedeutende Ergebnisse erzielen. Und das wird eintreten, wenn wir verstehen, nicht an der Oberfläche stehen zu bleiben, nicht der Propaganda jener Aufklärung nachzugeben, der die Polen in gewissem Maße bereits im 18. Jahrhundert widerstanden haben, wodurch sie im 19. Jahrhundert die nötige Kraft aufbringen konnten, schließlich nach dem Ersten und dem Zweiten Weltkrieg die Unabhängigkeit wiederzuerlangen. Die Abhärtung und Stärke der Bevölkerung haben sich dann im Kampf gegen den Kommunismus erwiesen, dem Polen bis zum Sieg von 1989 zu widerstehen vermochte. Nun geht es darum, die Ergebnisse dieser Opfer nicht zu vereiteln.

Auf dem Kongress der Theologen Mittel- und Osteuropas in Lublin im Jahre 1991 hat man versucht, aus der Erfahrung der Kirchen in der Zeit des Kampfes gegen den kommunistischen Totalitarismus die Bilanz zu ziehen und davon Zeugnis abzulegen. Die Theologie, die sich in diesem Teil Europas entwickelt hat, ist nicht die Theologie im westlichen Sinn. Sie ist mehr als Theologie im engen Sinne. Sie ist Lebenszeugnis, Zeugnis dessen, was es bedeutet, sich in Gottes Hand zu fühlen, Zeugnis dessen, was »Christus erlernen« bedeutet, ihn, der sich in die Hand des Vaters gegeben hat bis zu seinem letzten Ausruf am Kreuz: »Vater, in deine Hände lege ich meinen Geist« (*Lk* 23, 46). Genau das bedeutet

»Christus erlernen«: in die Tiefe des Geheimnisses Gottes einzudringen, der auf diese Weise die Erlösung der Welt bewirkt. Ich habe die Teilnehmer an jenem Kongress auf meiner Pilgerreise nach Jasna Góra anlässlich des Weltjugendtages getroffen, und anschließend habe ich den Inhalt vieler ihrer Beiträge erfahren; es sind Dokumente, die wegen ihrer Einfachheit und gleichzeitigen Tiefe bisweilen erschütternd sind.

Wenn wir über diese Probleme sprechen, stoßen wir jedoch auf eine ernste Schwierigkeit. In ihren verschiedenen und komplexen Aspekten überschreiten sie häufig die Grenze des Unausdrückbaren. Wie dem auch sei, in all dem erahnt man das Handeln Gottes, das sich durch menschliche Vermittlung offenbart: durch die guten Taten der Menschen selbstverständlich, aber auch auf dem Weg über ihre Irrtümer, weil Gott dann zeigt, dass er imstande ist, diese für ein noch größeres Gutes nutzbar zu machen. Das ganze 20. Jahrhundert war gezeichnet von einem besonderen Eingreifen Gottes, der ein Vater »voll Erbarmen – *dives in misericordia*« (vgl. *Eph* 2, 4) ist.

10. DAS GEHEIMNIS DER BARMHERZIGKEIT

Könnten Sie, Heiliger Vater, nicht etwas über das Geheimnis der Liebe und der Barmherzigkeit sagen? Es scheint doch wichtig, in der Analyse des Wesens dieser beiden göttlichen Eigenschaften, die für uns so bedeutsam sind, noch mehr in die Tiefe zu gehen.

Der Psalm *Miserere* ist wohl eines der schönsten Gebete, welche die Kirche vom Alten Testament geerbt hat. Die Umstände, unter denen er entstand, sind bekannt: Es ist der Ruf eines Sünders, des Königs David, der sich die Frau des Soldaten Urija genommen und mit ihr Ehebruch begangen hatte und der dann, um die Spuren seines Deliktes auszulöschen, dafür gesorgt hatte, dass der legitime Ehemann der Frau auf dem Schlachtfeld zu Tode kam. Sehr eindrucksvoll ist die Stelle im Zweiten Buch Samuel, wo der Prophet Natan den anklagenden Zeigefinger gegen David erhebt und ihn als den Verantwortlichen eines großen Verbrechens vor Gott ausweist: »Du bist der Mann!« (2 Sam 12, 7). Da geht dem König ein Licht auf, und die plötzliche Klarheit stürzt ihn in tiefe Erschütterung, die in den Worten des *Miserere* ihren Ausdruck findet. Es ist der Psalm, der wohl häufiger als alle anderen in der Liturgie verwendet wird:

> *Miserere mei, Deus, secundum*
>   *misericordiam tuam;*
> *et secundum multitudinem miserationem*

tuarum dele iniquitatem meam.
Amplius lava me ab iniquitate mea,
et a peccato meo munda me.

Quoniam iniquitatem meam ego cognosco,
et peccatum meum contra me est semper.

Tibi, tibi soli peccavi et malum coram te feci,
ut iustus inveniaris in sententia tua et
aequus in iuducio tuo [...]

Es liegt eine besondere Schönheit in diesem langsamen Dahinfließen der lateinischen Worte und der gleichzeitigen Entwicklung der Gedanken, der Empfindungen und der Bewegungen des Herzens. Es ist klar, dass die Originalsprache des Psalms *Miserere* nicht diese war, aber unser Ohr ist an die lateinische Version gewöhnt, vielleicht mehr noch als an die in der eigenen Muttersprache, obwohl auch die Worte der modernen Übersetzungen, und besonders ihr melodischer Ablauf, in ihrer Weise bewegend sind:

Gott, sei mir gnädig nach deiner Huld,
tilge meine Frevel nach deinem reichen
Erbarmen!

Wasch meine Schuld von mir ab,
und mach mich rein von meiner Sünde!

Denn ich erkenne meine bösen Taten,
meine Sünde steht mir immer vor Augen.

Gegen dich allein habe ich gesündigt,
ich habe getan, was dir missfällt.

So behältst du Recht mit deinem Urteil,
  rein stehst du da als Richter.

Denn ich bin in Schuld geboren;
in Sünde hat mich meine Mutter empfangen.

Lauterer Sinn im Verborgenen gefällt dir,
im Geheimen lehrst du mich Weisheit.

Entsündige mich mit Ysop, dann werde ich rein;
wasche mich, dann werde ich weißer als Schnee.

Sättige mich mit Entzücken und Freude!
Jubeln sollen die Glieder, die du zerschlagen
  hast.

Verbirg dein Gesicht vor meinen Sünden,
tilge all meine Frevel!

Erschaffe mir, Gott, ein reines Herz,
und gib mir einen neuen, beständigen Geist!

Verwirf mich nicht von deinem Angesicht,
und nimm deinen heiligen Geist nicht von mir!

Mach mich wieder froh mit deinem Heil;
mit einem willigen Geist rüste mich aus!

Dann lehre ich Abtrünnige deine Wege,
und die Sünder kehren um zu dir.

Befrei mich von Blutschuld, Herr, du Gott
  meines Heiles,
dann wird meine Zunge jubeln über
  deine Gerechtigkeit.

Herr, öffne mir die Lippen,
und mein Mund wird deinen Ruhm
verkünden [...]

(*Ps* 51, 3–17)

Diese Worte bedürfen kaum der Auslegung; sie sprechen für sich. Von allein offenbaren sie die moralische Hinfälligkeit des Menschen. Er klagt sich an vor Gott, denn er weiß, dass die Sünde im Gegensatz steht zur Heiligkeit seines Schöpfers. Zugleich weiß der sündige Mensch jedoch auch, dass Gott Barmherzigkeit ist und dass diese Barmherzigkeit unendlich ist: Gott ist immer bereit, zu verzeihen und den sündigen Menschen erneut gerecht zu machen.

Woher kommt diese unendliche Barmherzigkeit des Vaters? David ist ein Mensch des Alten Testaments. Er kennt den Einen Gott. Uns Menschen des Neuen Bundes ist es möglich, im davidischen *Miserere* die Gegenwart Christi, des Sohnes Gottes, zu erkennen, den der Vater »für uns zur Sünde gemacht« hat (vgl. *2 Kor* 5, 21). Christus hat all unsere Sünden auf sich genommen (vgl. *Jes* 53, 12), um der Gerechtigkeit Genüge zu leisten, die durch die Schuld verletzt war, und auf diese Weise hat er das Gleichgewicht zwischen der Gerechtigkeit und der Barmherzigkeit des Vaters aufrechterhalten. Es ist bezeichnend, dass Schwester Faustina diesen Sohn als barmherzigen Gott gesehen hat, indem sie ihn jedoch nicht am Kreuz betrachtete, sondern vielmehr in seinem späteren Zustand als Auferstandenen in der Herrlichkeit. Sie hat daher ihre Mystik der Barmherzigkeit mit dem Pascha-Geheimnis verbunden, in dem Christus siegreich über Sünde und Tod erscheint (vgl. *Joh* 20, 19–23).

Wenn ich hier Schwester Faustina und die von ihr geförderte Verehrung des barmherzigen Christus erwähne, so tue ich das, weil auch sie zu unserer Zeit gehört. Sie lebte in den ersten Jahrzehnten des 20. Jahrhunderts und starb vor dem Zweiten Weltkrieg. Gerade in diesem Zeitabschnitt wurde ihr das Geheimnis der göttlichen Barmherzigkeit offenbart, und was sie erfuhr, schrieb sie in ihrem *Tagebuch* nieder. Denen, die den Zweiten Weltkrieg überlebt haben, erscheinen die im *Tagebuch* der hl. Faustina aufgezeichneten Worte wie ein besonderes Evangelium der göttlichen Barmherzigkeit, das aus der Sicht des 20. Jahrhunderts geschrieben ist. Die Zeitgenossen haben diese Botschaft verstanden. Sie haben sie verstanden gerade aufgrund der dramatischen Anhäufung von Bösem während des Zweiten Weltkriegs und durch die Grausamkeiten der totalitären Systeme. Es war, als habe Christus begreiflich machen wollen, dass das Böse, dessen Urheber und Opfer der Mensch ist, an eine ihm gesetzte Grenze stößt, und dass diese Grenze letztendlich die göttliche Barmherzigkeit ist. Gewiss, es gibt darin auch die Gerechtigkeit, sie allein ist jedoch nicht das letzte Wort der göttlichen »Ökonomie« in der Geschichte der Welt und in der Geschichte der Menschheit. Gott weiß aus dem Bösen stets das Gute zu ziehen, Gott will, dass alle gerettet werden und zur Erkenntnis der Wahrheit gelangen können (vgl. *1 Tim* 2, 4): Gott ist die Liebe (vgl. *1 Joh* 4, 8). Der gekreuzigte und auferstandene Christus, wie er der Schwester Faustina erschien, ist die äußerste Offenbarung dieser Wahrheit.

Hier möchte ich noch einmal an das anknüpfen, was ich zum Thema der Erfahrungen der Kirche in Polen während des Widerstands gegen den Kommunismus gesagt habe. Mir scheint, dass sie von allgemeinem Wert sind. Ich denke, dass auch Schwester Faustina und ihr Zeugnis in Bezug auf die göttliche Barmherzigkeit irgendwie in diesen Zusammenhang gehören. Wie die Erfahrung zeigte, war das Erbe ihrer Spiritualität für den Widerstand gegen das Böse, das in den damaligen unmenschlichen Systemen wirksam war, von großer Wichtigkeit. All das behält seine klare Bedeutung nicht nur für die Polen, sondern auch für den ausgedehnten Bereich der Kirche in der Welt. Das wurde unter anderem durch die Selig- und die Heiligsprechung von Schwester Faustina unterstrichen. Es war, als hätte Christus durch sie sagen wollen: »Das Böse trägt nicht den endgültigen Sieg davon!« Das Pascha-Mysterium bestätigt, dass das Gute letztendlich siegreich ist, dass das Leben den Tod überwindet und über den Hass die Liebe triumphiert.

GEDANKEN ÜBER DEN BEGRIFF
»VATERLAND«

(Vaterland – Nation – Staat)

11. ÜBER DEN BEGRIFF DES VATERLANDES

Nach dem Ausbruch des Bösen und den beiden Kriegen des 20. Jahrhunderts wird die Welt immer mehr zu einer Gesamtheit von Kontinenten, Staaten und Gesellschaften, die voneinander abhängig sind, und Europa – oder zumindest ein beträchtlicher Teil davon – tendiert dazu, eine nicht nur wirtschaftliche, sondern auch politische Union zu bilden. Ja, der Bereich der Fragen, in denen die jeweiligen Organe der Europäischen Gemeinschaft interferieren, geht über die bloße Wirtschaft und die allgemeine Politik weit hinaus. Der Sturz der totalitären Systeme in den Nachbarländern hat Polen die Wiedererlangung der Unabhängigkeit und die Öffnung zum Westen ermöglicht. Augenblicklich stehen wir vor der Notwendigkeit, die Beziehung Polens zu Europa und zur Welt zu bestimmen. Bis vor kurzer Zeit stand das Thema der – vor- und nachteiligen – Konsequenzen seines Eintritts in die Europäische Union zur Diskussion. Man erörterte im Besonderen die Befürchtung, die Nation könne die eigene Kultur und der Staat seine Souveränität verlieren. Der Einstieg Polens in eine größere Gemeinschaft erfordert ein Nachdenken über die möglichen Auswirkungen auf eine innere Haltung, die in der polnischen Geschichte eine hohe Wertschätzung genoss: den Patriotismus, die Vaterlandsliebe. Aufgrund dieser Gesinnung haben viele Polen im Laufe der Jahrhunderte ihre Bereitschaft gezeigt, im Kampf für die Freiheit des Vaterlandes ihr Leben hinzugeben, und etliche haben es auch tatsächlich getan.

Welche Bedeutung haben Ihrer Meinung nach die Begriffe »Vaterland«, »Nation« und »Kultur«, und worin liegt ihre wechselseitige Beziehung?

D er Begriff »Vaterland« verbindet sich mit dem Begriff und der Realität von »Vater« *(pater)*. Das Vaterland ist in gewisser Weise gleichzusetzen mit dem Erbe *(patrimonium)*, d. h. mit der Gesamtheit der Güter, die wir als Hinterlassenschaft von unseren Vätern empfangen haben. Bezeichnenderweise wird in diesem Zusammenhang neben »Vaterland« auch der Ausdruck »Mutterland« verwendet. Wir alle wissen aus persönlicher Erfahrung, in welchem Maße die Weitergabe des geistigen Erbes durch die Mütter geschieht. Vaterland ist also das Erbe und zugleich die »Vermögenssituation«, die sich aus diesem Erbe ergibt; das betrifft auch das Land, das Territorium. Noch mehr jedoch bezieht der Begriff Vaterland die geistigen Werte und Inhalte ein, also alles, was die Kultur einer bestimmten Nation ausmacht. Gerade darüber habe ich am 2. Juni 1980 vor der UNESCO gesprochen und die Tatsache hervorgehoben, dass sogar, als die Polen ihres Territoriums beraubt waren und die Nation zerstückelt wurde, ihr Sinn für das geistige Erbe der von den Vorfahren empfangenen Kultur nicht versiegte. Mehr noch: Er entwickelte sich in außergewöhnlich dynamischer Weise.
Bekanntlich kennzeichnete das 19. Jahrhundert in gewissem Maße den Gipfel der polnischen Kultur. In keiner Epoche hatte die polnische Nation so geniale Schriftsteller hervorgebracht wie Adam Mickiewicz, Juliusz Słowacki, Zygmunt Krasiński und Cyprian Norwid. Die polnische Musik hatte nie zuvor ein so hohes Niveau erreicht wie in den Werken von Fryderyk Chopin, Stanisław

Moniuszko und anderen Komponisten, dank derer das künstlerische Erbe des 19. Jahrhunderts, das an die folgenden Generationen weitergegeben wurde, eine große Bereicherung erfuhr. Dasselbe kann von den bildenden Künsten gesagt werden, von der Malerei und der Bildhauerei: In das 19. Jahrhundert fällt das künstlerische Schaffen von Jan Matejko und von Artur Grottger, und an der Schwelle zum 20. Jahrhundert erscheinen Stanisław Wyspiański, ein außergewöhnliches Genie auf verschiedenen Gebieten, und dann Jacek Malczewski und andere. Und was ist schließlich über das polnische Theater zu sagen? Das 19. Jahrhundert war das Jahrhundert der Pioniere auf dem Gebiet des Theaterwesens: Gleich zu Beginn begegnen wir dem großen Wojciech Bogusławski, dessen künstlerische Lehre von zahlreichen anderen – besonders im südlichen Teil Polens, in Krakau und in Lemberg (das damals zu Polen gehörte) – aufgenommen und weiterentwickelt wurde. Das Theater erlebte damals sein goldenes Zeitalter; nebeneinander entwickelten sich das bürgerliche und das Volkstheater. Es muss betont werden, dass gerade diese außergewöhnliche Zeit kultureller Reife im 19. Jahrhundert die Polen auf den großen Einsatz vorbereitete, welcher der Nation zur Wiedererlangung ihrer Unabhängigkeit verhalf. Von 1918 an erschien das aus den Landkarten Europas und der Welt gestrichene Polen erneut in den Atlanten und hat seitdem seinen Platz behauptet. Nicht einmal dem wahnsinnigen Sturm des Hasses, der in den Jahren 1939 bis 1945 von Osten und Westen aus losbrach, ist es gelungen, seine Gegenwart aufzuheben.

Daran sieht man, dass in der Vorstellung von »Vaterland« selbst eine tiefe Verbindung zwischen dem geistigen und dem materiellen Aspekt, zwischen der Kultur und dem Territorium enthalten ist. Das einer Nation mit Gewalt entrissene Territorium wird in gewissem Sinne zu einer flehentlichen Bitte und sogar zu einem Aufschrei an den »Geist« der Nation selbst. Dann erwacht der Geist der Nation zu neuem Leben und kämpft, damit dem Land seine Rechte zurückgegeben werden. Norwid hat all das auf eine knappe Formel gebracht, als er von der Arbeit spricht: »Die Schönheit existiert, um für die Arbeit zu begeistern, die Arbeit existiert für ein Erstehen zu neuem Leben.«[12]

Da wir in eine Analyse des Begriffes »Vaterland« eingedrungen sind, ist es angebracht, nun auf das Evangelium Bezug zu nehmen. Im Evangelium erscheint nämlich in den Aussagen Christi über Gott gerade das Wort »Vater« als ein grundlegender Begriff. Tatsächlich ist es die Bezeichnung, die er am häufigsten verwendet: »Mir ist von meinem Vater alles übergeben worden« (*Mt* 11, 27; vgl. *Lk* 10, 22); »Der Vater liebt den Sohn und zeigt ihm alles, was er tut, und noch größere Werke wird er ihm zeigen« (*Joh* 5, 20; vgl. auch *Joh* 5, 21ff u. a.). Die Lehren Christi bergen in sich die tiefgründigsten Elemente einer theologischen Sicht sowohl des Vaterlandes als auch der Kultur. Christus in seiner Eigenschaft als der vom Vater aus zu uns gekommene Sohn ist der Menschheit mit einem besonderen »Patrimonium«, einem ganz speziellen Erbe erschienen. Der hl. Paulus spricht darüber in dem Brief an die Galater: »Als die Zeit erfüllt war, sandte Gott seinen Sohn, geboren von einer Frau […] damit wir die Sohnschaft erlan-

---

12 *Promethidion. Rzecz w dwóch dialogach z epilogiem*, in Cyprian Norwid, *Pisma wszystkie*, Bd. 3: *Poematy*, Warschau 1971, S. 440

gen [...]. Daher bist du nicht mehr Sklave, sondern Sohn; bist du aber Sohn, dann auch Erbe, Erbe durch Gott« (*Gal* 4, 4–7).

Christus sagt: »Vom Vater bin ich ausgegangen und in die Welt gekommen« (*Joh* 16, 28). Dieses Kommen hat sich durch die »Frau«, die Mutter, verwirklicht. Das Erbe des ewigen Vaters hat in sehr konkretem Sinne den Weg über das Herz Marias genommen und sich auf diese Weise angereichert mit allem, was die außergewöhnliche weibliche Natur der Mutter zu diesem »Patrimonium« Christi beisteuern konnte. In seiner universalen Dimension ist das Christentum dieses »Patrimonium«, in dem der Beitrag der Mutter von großer Bedeutung ist. Und das ist der Grund, warum die Kirche »Mutter« genannt wird: *mater Ecclesia*. Indem wir das sagen, beziehen wir uns implizit auf das göttliche »Patrimonium«, an dem wir dank dem Kommen Christi Anteil erhalten haben.

Das Evangelium hat dem Begriff »Vaterland« also eine neue Bedeutung verliehen. In seinem ursprünglichen Sinn steht »Vaterland« für das, was wir von unseren Vätern und Müttern auf der Erde geerbt haben. Das Erbe, das wir Christus verdanken, orientiert das, was zum Erbe der menschlichen Vaterländer und Kulturen gehört, auf die ewige Heimat, das ewige »Vaterland« hin. Christus sagt: »Vom Vater bin ich ausgegangen und in die Welt gekommen; ich verlasse die Welt wieder und gehe zum Vater« (*Joh* 16, 28). Dieser Aufbruch Christi zum Vater hin eröffnet ein neues »Vaterland« in der Geschichte aller Vaterländer und Menschen. Wenn vom »himmlischen Vaterland« oder der »ewigen Heimat« die Rede ist, dann sind das Ausdrücke, die genau das bezeichnen, was sich in der Geschichte des Menschen und der Nationen infolge des Kommens Christi in diese Welt und seiner Rückkehr aus dieser Welt zum Vater vollzogen hat.

Abschied und Rückkehr Christi haben den Begriff des Vaterlands ausgeweitet auf die Dimension der Eschatologie und der Ewigkeit, ihm jedoch nichts von seinem zeitlichen Inhalt genommen. Aufgrund der polnischen Geschichte wissen wir aus Erfahrung, wie sehr der Gedanke an die ewige Heimat die Bereitschaft, der irdischen Heimat zu dienen, begünstigt hat, indem er die Menschen veranlasste, für sie Opfer aller Art auf sich zu nehmen – Opfer von nicht selten heroischem Grad. Die Heiligen, die im Laufe der Geschichte, und besonders in den letzten Jahrhunderten, von der Kirche zur Ehre der Altäre erhoben wurden, verdeutlichen das in eindrucksvoller Weise.

Das Vaterland als Patrimonium des Vaters kommt von Gott, zugleich aber kommt es in gewissem Maße auch von der Welt. Christus ist in die Welt gekommen, um die ewigen Gesetze Gottes, des Schöpfers, zu bestätigen und zu festigen. Gleichzeitig hat er jedoch eine völlig neue Kultur eingeführt. Kultur bedeutet Kultivierung. Christus hat mit seiner Lehre sowie auch mit seinem Leben, seinem Tod und seiner Auferstehung diese vom Vater erschaffene Welt erneut »kultiviert«, urbar gemacht. Die Menschen selbst sind »Gottes Ackerfeld« geworden, wie Paulus schreibt (vgl. *1 Kor* 3, 9). Auf diese Weise hat das göttliche Patrimonium die Form der »christlichen Kultur« angenommen. Diese existiert nicht nur in den christlichen Gesellschaften und Nationen, sondern ist in gewisser Weise auch in die Kultur der gesamten Menschheit eingedrungen. Bis zu einem gewissen Grade hat sie ihre ganze Kultur verwandelt.

Diese Ausführungen zum Thema »Vaterland« erklären etwas gründlicher die Bedeutung der so genannten »christlichen Wurzeln« der polnischen und ganz allgemein der europäischen Kultur. Wenn man diesen Ausdruck verwendet, denkt man normalerweise an die geschichtlichen Wurzeln der Kultur, und darin liegt eine eigene Bedeutung, denn die Kultur hat historischen Charakter. Die Untersuchung dieser Wurzeln geht darum einher mit der Untersuchung unserer Geschichte, einschließlich der politischen Geschichte. Die Bemühung der ersten Piasten[13], die auf eine Stärkung des polnischen Geistes durch die Bildung eines Staates auf einem bestimmten Territorium Europas abzielte, wurde von einer deutlichen geistigen Inspiration getragen. Der Ausdruck dessen war die Taufe Mieszkos I. und seines Volkes (im Jahr 966) auf Betreiben seiner Frau, der böhmischen Prinzessin Dubrawa. Welchen Einfluss das auf die Orientierung der Kultur einer slawischen Nation an den Ufern der Weichsel hatte, ist bekannt. Eine ganz andere Prägung erhielt dagegen die Kultur anderer slawischer Völker, zu denen die christliche Botschaft über die Kiewer Rus'[14] gelangte, deren Christianisie-

---

13 Die Dynastie der Piasten regierte von 960 bis 1370. Sie war die erste polnische Herrscherdynastie, wurde aber mit diesem Namen erst vom 17. Jahrhundert an bezeichnet. (Anm. d. Red.)

14 Die Kiewer Rus', ein vom Ende des 9. Jahrhunderts an bekundeter, zunächst loser Verbund einzelner ostslawischer Fürstenherrschaften unter dem Großfürsten von Kiew, umfasste ein weites Gebiet von Kiew im Süden bis Nowgorod im Norden. Bereits in den ersten Jahren des 10. Jahrhunderts wurden Handelsabkommen mit den byzantinischen Kaisern abgeschlossen. Über diese Kontakte gelangten auch die byzantinischen Missionare nach Kiew. Die eigentliche Christianisierung der Rus' leitete Großfürst Wladimir (978–1015) ein, als er 988 von byzantinischen Priestern die Taufe empfing und nach einer anschließenden Bekehrung der Bevölkerung das Christentum zur offiziellen Staatsreligion erhob. (Anm. d. Red.)

rung auf das Wirken von Missionaren aus Konstantinopel zurückging. Diese Unterscheidung innerhalb der Familie der slawischen Nationen besteht bis heute und bestimmt die geistigen Grenzen von Vaterländern und Kulturen.

12. DER PATRIOTISMUS

Aus den Gedanken über den Begriff des Vaterlands ergibt sich eine weitere Frage: Wie ist im Licht dieser vertiefenden Ausführungen der Patriotismus zu verstehen?

Der eben entwickelte Gedankengang über den Begriff des Vaterlands und seine Verbindung mit der Vaterschaft und der Weitergabe des Lebens erklärt zutiefst den moralischen Wert des Patriotismus. Wenn man sich fragt, an welcher Stelle im Dekalog der Patriotismus einzuordnen ist, muss die Antwort zweifellos lauten: im Bereich des vierten Gebots, das uns verpflichtet, Vater und Mutter zu ehren. Tatsächlich ist das eine der Gesinnungen, die die lateinische Sprache unter dem Begriff *pietas* versteht, was die religiöse Bedeutung unterstreicht, welche der den Eltern geschuldeten Achtung und Verehrung innewohnt. Wir müssen die Eltern ehren, denn sie vertreten uns gegenüber den Schöpfergott. Indem sie uns das Leben geben, sind sie am Geheimnis der Schöpfung beteiligt und verdienen deshalb eine Verehrung, die auf jene verweist, die wir dem Schöpfergott zollen. Der Patriotismus birgt in sich eine innere Grundeinstellung dieser Art, da auch die Heimat, das »Mutterland«, für jeden von uns ganz realistisch eine Mutter ist. Das geistige Erbe, das uns vom Vaterland übergeben wird, erreicht uns über unseren Vater und unsere Mutter und begründet in uns die entsprechende Pflicht zur *pietas*.

Patriotismus bedeutet Liebe zu allem, was zum Vaterland gehört: zu seiner Geschichte, seinen Traditionen, seiner Sprache und seiner eigenen Beschaffenheit. Es ist eine Liebe, die sich auch auf die Werke der eigenen Landsleute und auf die Früchte ihres Geistes erstreckt. Jede Gefahr, die das große Gut des Vaterlands bedroht, wird zu einer Gelegenheit, diese Liebe zu überprüfen. Unsere Geschichte lehrt uns, dass die Polen immer zu großen Opfern fähig waren, wenn es galt, dieses Gut zu schützen oder wiederzuerlangen. Das bezeugen die zahlreichen Gräber von Soldaten, die an verschiedenen Fronten in der Welt für Polen gekämpft haben; sie sind überall verstreut, sowohl im Heimatland selbst als auch außerhalb seiner Grenzen. Doch ich glaube, dass das eine Erfahrung jedes Landes und jeder Nation Europas und der Welt ist.
Das Vaterland ist ein gemeinsames Gut aller Bürger und als solches auch eine große Verpflichtung. Die Analyse der frühen wie auch der jüngsten Geschichte dokumentiert in reichem Maße den sogar heldenhaften Mut, mit dem die Polen diese Pflicht zu erfüllen wussten, wenn es darum ging, das höchste Gut des Vaterlandes zu verteidigen. Das schließt nicht aus, dass in einigen Epochen auch eine Schwächung dieser Opferbereitschaft für die Förderung der mit dem Begriff »Vaterland« verbundenen Werte und Ideale verzeichnet werden musste. Das waren die Zeiten, in denen das Privatinteresse und der traditionelle polnische Individualismus sich als Störfaktoren bemerkbar machten.
Das Vaterland ist also eine bedeutende Realität. Man kann sagen, dass es die Realität ist, in deren Dienst sich die sozialen Strukturen entwickelt haben und im Laufe der Zeit weiterentwickeln, angefangen mit den

ersten Stammestraditionen. Dennoch kann man sich fragen, ob nicht diese Entwicklung des sozialen Lebens der Menschheit ihr endgültiges Ziel erreicht hat. Zeugt das 20. Jahrhundert nicht von einem verbreiteten Streben, in Richtung nationenübergreifender Strukturen oder sogar des Kosmopolitismus voranzugehen? Und ist dieses Streben nicht der Beweis, dass sich die kleinen Nationen, um überleben zu können, von größeren politischen Strukturen absorbieren lassen müssen? Das sind berechtigte Fragen. Es scheint jedoch, dass ebenso wie die Familie auch die Nation und das Vaterland unersetzliche Realitäten sind. Die katholische Soziallehre spricht in diesem Fall von »natürlichen« Gesellschaften, um auf eine besondere Verbindung sowohl der Familie als auch der Nation mit dem Wesen des Menschen hinzuweisen, das eine eigene gesellschaftliche Dimension besitzt. Die grundlegenden Wege der Gestaltung jeder Gesellschaft gehen von der Familie aus, daran besteht kein Zweifel. Doch scheint es, dass etwas Ähnliches auch über die Nation gesagt werden kann. Die kulturelle und historische Identität der Gesellschaften wird bewahrt und gefördert durch das, was der Begriff »Nation« beinhaltet. Eine Gefahr muss natürlich unbedingt vermieden werden: dass diese unersetzliche Funktion der Nation in Nationalismus abgleitet. Das 20. Jahrhundert hat uns unter diesem Aspekt Erfahrungen beschert, die auch im Licht ihrer dramatischen Konsequenzen äußerst vielsagend sind. Wie kann man sich von einer solchen Gefahr befreien? Ich meine, dass die rechte Weise der Patriotismus ist. Charakteristisch für den Nationalismus ist nämlich, allein das Wohl der eigenen Nation anzuerkennen und zu verfolgen, ohne die Rechte der anderen zu berücksichtigen. Der Patriotismus als Liebe zum Vaterland weiß dagegen allen anderen Nationen die gleichen Rechte zuzuerkennen, die er für seine eigene beansprucht, und ist darum der Weg zu einer geordneten sozialen Liebe.

13. DER BEGRIFF DER NATION

Der Patriotismus als Gefühl der inneren Bindung an die Nation und an das Vaterland muss eine Mutation in Nationalismus vermeiden. Seine richtige Interpretation hängt von dem ab, was wir mit dem Begriff »Nation« ausdrücken wollen. Wie ist also die Nation, diese ideelle Wirklichkeit, auf die sich der Mensch in seinem patriotischen Empfinden bezieht, zu verstehen?

Wenn man die beiden Ausdrücke genau untersucht, stellt man fest, dass zwischen der Bedeutung von »Vaterland« und der von »Nation« eine enge Verbindung besteht. Im Polnischen – aber nicht nur in dieser Sprache – ist das Wort *na-ród* (Nation) von *ród* (Zeugung) abgeleitet, und das Wort »Vaterland« *(ojczy-zna)* hat seine Wurzel im Begriff »Vater« *(ojciec)*. Der Vater ist derjenige, der gemeinsam mit der Mutter dem Menschen das Leben schenkt. Mit dieser Zeugung durch den Vater und die Mutter ist der Begriff des »Patrimoniums«, des Erbes, verbunden, der wiederum den Grund bildet für den Begriff des Vaterlandes. So sind also »Patrimonium« und dann auch »Vaterland« unter begrifflichem Aspekt eng verbunden mit »Zeugung«; aber auch der Begriff »Nation« hat – unter etymologischem Gesichtspunkt – eine eigene Beziehung zur Geburt.
Mit dem Begriff »Nation« wird eine Gemeinschaft bezeichnet, die in einem bestimmten Territorium angesiedelt ist und die sich von den anderen Nationen durch eine eigene Kultur unterscheidet. Die katholi-

sche Soziallehre sieht sowohl die Familie als auch die Nation als eine natürliche Gesellschaft an, die also nicht das Ergebnis bloßer Konvention ist. Darum können beide in der Geschichte der Menschheit durch nichts ersetzt werden. Man kann z. B. die Nation nicht durch den Staat ersetzen, obwohl die Nation naturgemäß danach trachtet, einen Staat zu bilden, wie die Geschichte der einzelnen europäischen Nationen und die polnische Geschichte selbst zeigen. In seinem Werk *Wyzwolenie* (»Die Befreiung«) schreibt Stanisław Wyspiański: »Die Nation muss als Staat existieren ...«[15] Noch weniger ist es möglich, die Nation mit der so genannten demokratischen Gesellschaft zu identifizieren, denn dabei handelt es sich um zwei verschiedene, wenn auch miteinander verbundene Ordnungen. Eine demokratische Gesellschaft ist dem Wesen des Staates näher als die Nation. Dennoch ist die Nation sozusagen das Terrain, auf dem der Staat entsteht. Die Frage des demokratischen Systems ist gewissermaßen ein zusätzliches Problem, das dem Bereich der Innenpolitik angehört.

Nach diesen einführenden Bemerkungen zum Thema der Nation ist es auch in diesem Fall sehr angebracht, zur Heiligen Schrift zurückzukehren: In ihr gibt es Elemente einer echten Theologie der Nation. Das gilt vor allem für Israel. Das Alte Testament zeigt die Genealogie dieser Nation, die der Herr sich als sein eigenes Volk erwählt hat. Der Begriff »Genealogie« wird im Allgemeinen auf die Abstammung im biologischen Sinn bezogen. Man kann jedoch auch – und vielleicht sogar in noch zutreffenderer

---

[15] Stanisław Wyspiański, *Wyzwolenie*, in: *Dzieła zebrane*, Bd. 5, Krakau 1959, S. 98

Weise – von Genealogie im geistigen Sinn sprechen. In diesem Zusammenhang muss man an Abraham denken. Auf ihn berufen sich nicht nur die Israeliten, sondern – eben im geistigen Sinn – die Christen (vgl. *Röm* 4, 11–12) und selbst die Muslime. Die Geschichte Abrahams und seiner Berufung durch Gott, seine ungewöhnliche Vaterschaft, die Geburt Isaaks – all das zeigt, in welcher Weise der Weg zur Nation durch die Zeugung über die Familie und den Stamm verläuft.

Am Anfang steht also das Ereignis einer Zeugung. Abrahams Frau Sara, die bereits in fortgeschrittenem Alter ist, bringt einen Sohn zur Welt. Abraham hat einen leiblichen Nachkommen, und allmählich bildet sich aus dieser Familie eine Sippe. Das Buch Genesis zeigt die folgenden Etappen der Entwicklung dieser Sippe: aus Abraham über Isaak bis zu Jakob. Der Patriarch Jakob hat zwölf Söhne, und diese zwölf Söhne werden zu den Stammvätern der zwölf Stämme, welche schließlich die Nation Israel bilden. Gott erwählte diese Nation und bestätigte diese Erwählung durch seine Eingriffe in die Geschichte, angefangen von der Befreiung aus Ägypten unter der Führung des Mose. Bereits zur Zeit dieses großen Gesetzgebers ist es möglich, von einer israelitischen Nation zu sprechen, auch wenn sie anfangs nur aus Familien und Sippen bestand. Die Geschichte Israels ist jedoch nicht nur darauf beschränkt. Sie hat auch eine eigene geistliche Dimension. Gott erwählte diese Nation, um sich in ihr und dann durch sie der ganzen Welt zu offenbaren. Diese Offenbarung nimmt ihren Anfang bei Abraham, erreicht aber ihren Höhepunkt in der Sendung des Mose. Mit ihm spricht Gott »von Angesicht zu Angesicht«, und er leitet über ihn das geistliche Leben Israels. Der

Glaube an einen einzigen Gott als den Schöpfer des Himmels und der Erde war das Entscheidende im geistlichen Leben Israels, und zusammen mit dem Glauben der Dekalog, d. h. das moralische Gesetz, das auf die steinernen Tafeln geschrieben war, die Mose auf dem Berg Sinai empfing.

Die Sendung Israels muss als »messianisch« definiert werden, eben gerade weil aus dieser Nation der Messias, der Gesalbte des Herrn, hervorgehen sollte. »Als die Zeit erfüllt war, sandte Gott seinen Sohn« (*Gal* 4, 4), der im Schoße einer Tochter Israels, der Maria von Nazaret, durch das Wirken des Heiligen Geistes Mensch wurde. Das Mysterium der Inkarnation, das Fundament der Kirche, gehört zur Theologie der Nation. Indem das ewige WORT des Vaters, der ihm wesensgleiche Sohn, sich inkarnierte, d. h. Mensch wurde, setzte er den Anfang für ein »Zeugen« ganz neuer Ordnung. Es war die Zeugung »aus dem Heiligen Geist«. Ihre Frucht ist unsere übernatürliche Kindschaft, unsere Annahme an Kindes statt. Dabei handelt es sich nicht – um die Worte des Evangelisten Johannes zu gebrauchen – um ein Geborenwerden »aus dem Fleisch«. Es handelt sich darum, »nicht aus dem Blut, nicht aus dem Willen des Fleisches, nicht aus dem Willen des Mannes, sondern aus Gott geboren« zu sein (vgl. *Joh* 1, 13). Nach der treffenden Formulierung, die Ignacy Różycki gern gebrauchte, werden diejenigen, welche so »aus Gott« geboren werden, zu Mitgliedern der »göttlichen Nation«. Mit dem Zweiten Vatikanischen Konzil hat sich bekanntlich der Ausdruck »Gottesvolk« eingebürgert. Wenn das Konzil in der Konstitution *Lumen gentium* vom Gottesvolk spricht, meint es damit zweifellos diejenigen, welche durch die Gnade des Erlösers, des inkarnierten Sohnes Gottes, der zum Heil der Menschen gestorben und auferstanden ist, »aus Gott geboren« sind.

Israel ist die einzige Nation, deren Geschichte zum großen Teil in der Heiligen Schrift dargestellt ist. Es ist eine Geschichte, die zur göttlichen Offenbarung gehört: In ihr offenbart sich Gott der Menschheit. In der »Fülle der Zeiten«, nachdem er auf vielerlei Weise zu den Menschen gesprochen hat, wird er selbst Mensch. Das Mysterium der Inkarnation gehört auch zur Geschichte Israels, obwohl es uns zugleich bereits in die Geschichte des neuen Israel, also des Volkes des Neuen Bundes einführt. »Zum neuen Gottesvolk werden alle Menschen gerufen [...] In allen Völkern der Erde wohnt also dieses eine Gottesvolk, da es aus ihnen allen seine Bürger nimmt, Bürger eines Reiches freilich nicht irdischer, sondern himmlischer Natur.«[16] Das bedeutet – in anderen Worten –, dass die Geschichte aller Nationen dazu berufen ist, in die Heilsgeschichte einzumünden. Christus ist nämlich in die Welt gekommen, um allen Menschen das Heil zu bringen. Die Kirche, das auf den Neuen Bund gegründete Gottesvolk, ist das neue Israel, das den Charakter der Universalität besitzt: Alle Nationen haben in ihr das gleiche Bürgerrecht.

---

[16] *Lumen gentium*, Nr. 13

14. DIE GESCHICHTE

»*Die Geschichte aller Nationen ist dazu berufen, in die Heilsgeschichte einzumünden.*« *In dieser Aussage entdecken wir eine neue Dimension der Begriffe* »*Nation*« *und* »*Vaterland*«: *die heilsgeschichtliche Dimension. Wie würden Sie diese zweifellos wesentliche Dimension genauer charakterisieren?*

Im weiteren Sinne kann man sagen, dass der gesamte erschaffene Kosmos der Zeit unterworfen ist und also eine eigene Geschichte hat. In besonderer Weise gilt dies für alle Lebewesen. Trotzdem können wir keinem von ihnen, keiner Tierart, die geschichtliche Dimension in dem Sinn zuerkennen, wie wir sie dem Menschen, den Nationen und der gesamten Menschheitsfamilie zuerkennen. Die Geschichtlichkeit des Menschen drückt sich in der ihm eigenen Fähigkeit aus, die Geschichte zu objektivieren. Der Mensch ist nicht einfach dem Lauf der Ereignisse unterworfen, er beschränkt sich nicht darauf, als Einzelner und als Zugehöriger einer bestimmten Gruppe in einer bestimmten Weise zu handeln und sich zu verhalten, sondern er besitzt auch die Fähigkeit, über die eigene Geschichte nachzudenken und sie zu objektivieren, indem er sie in ihrer verflochtenen Entwicklung erzählt. Eine solche Fähigkeit besitzen die einzelnen menschlichen Familien wie auch die menschlichen Gesellschaften und insbesondere die Nationen.

Diese sind – ebenso wie die einzelnen Individuen – mit einem geschichtlichen Gedächtnis begabt. Darum ist es verständlich, dass die Nationen sich bemühen, ihre Erinnerungen schriftlich zu fixieren. Auf diese Weise geht die Geschichte in die Geschichtsschreibung über. Die Menschen schreiben die Geschichte der Gruppe, zu der sie gehören. Manchmal schreiben sie auch ihre persönliche Geschichte, doch bedeutender ist im Allgemeinen, was sie über ihre jeweiligen Nationen schreiben. Und die objektivierte und schriftlich fixierte Geschichte der jeweiligen Nationen ist eines der wesentlichen Elemente der Kultur – das Element, das die Identität der Nation in den Dimensionen der Zeit bestimmt. »Kann die Geschichte voranschreiten gegen den Strom der Gewissen?« Diese Frage stellte ich mir vor Jahren in meiner Dichtung mit dem Titel *Gedanken über »Vaterland«*.[17] Sie entspringt dem Nachdenken über die Begriffe »Nation« und »Patriotismus«. In der Dichtung habe ich versucht, eine Antwort darauf zu formulieren. Vielleicht lohnt es sich, einen Abschnitt daraus zu zitieren:

> *Die Freiheit – eine fortwährende Eroberung.*
> *Sie kann nicht einfach Besitz sein!*
> *Sie kommt als ein Geschenk, doch bewahrt*
>   *wird sie durch den Kampf.*
> *Geschenk und Kampf – beides eingetragen*
>   *in die geheimen und doch offenen Karten.*
> *Die Freiheit bezahlst du mit deinem ganzen*
>   *Selbst – darum wirst du Freiheit nennen,*
> *was dir, während du es bezahlst, erlaubt,*
> *immer neu dich selbst zu besitzen.*
> *Um diesen Preis gehen wir in die Geschichte ein,*
>   *rühren an ihre Epochen.*

---

[17] Vgl. *Opere letterarie – Poesie e drammi*, Vatikanstadt 1993, S. 151

*Wo liegt die Wasserscheide zwischen Generationen, die nicht genug bezahlt haben,
und Generationen, die zu viel bezahlt haben?
Wir, auf welcher Seite stehen wir?*

[...]

*Die Geschichte breitet über den Kampf der Gewissen eine Schicht der Ereignisse.
In dieser Schicht vibrieren Siege und Niederlagen.
Die Geschichte überdeckt sie nicht, sie hebt sie sogar hervor.*

[...]

*Schwach ist das Volk, wenn es in die Niederlage einwilligt,
wenn es vergisst, dass es berufen ist, wachsam zu sein,
bis seine Stunde kommt.
Die Stunden kehren ständig wieder auf dem großen Zifferblatt der Geschichte.
Das ist die Liturgie der Ereignisse.
Wache ist Wort des Herrn und auch Wort des Volkes,
das wir immer wieder neu annehmen werden.
Die Stunden werden Psalm unaufhörlicher Umkehr.
Gehen wir, um teilzunehmen an der Eucharistie der Welten.*

Und ich schloss:

*O Erde, die du nicht aufhörst,
ein winziger Teil unserer Zeit zu sein.*

Die neue Hoffnung erlernend,
schreiten wir durch diese Zeit, einer neuen Erde entgegen.
Und dich, o alte Erde, erheben wir
als Frucht der Liebe der Generationen,
der Liebe, die den Hass überwunden hat.[18]

Die Geschichte jedes Menschen und, über ihn, auch die aller Völker trägt ein besonderes eschatologisches Merkmal in sich. Das Zweite Vatikanische Konzil hat in seiner Lehre, und besonders in den Konstitutionen *Lumen gentium* und *Gaudium et spes* viel zu diesem Thema gesagt. Es ist eine Interpretation der Geschichte im Licht des Evangeliums, der eine unbestreitbare Bedeutung zukommt. Der eschatologische Bezug besagt nämlich, dass das menschliche Leben einen Sinn hat und dass auch die Geschichte der Nationen einen Sinn hat. Gewiss, dem Gericht Gottes müssen sich die Menschen stellen und nicht die Nationen, aber in dem Urteil über die Einzelnen sind in gewisser Weise auch die Nationen beurteilt.
Gibt es eine Eschatologie der Nationen? Die Nation hat ausschließlich geschichtlichen Sinn. Die Eschatologie ist dagegen die Berufung des Menschen. Diese eschatologische Berufung des Menschen spiegelt sich jedoch auf eigene Weise in der Geschichte der Nationen selbst wider. Auch das wollte ich in der oben zitierten Dichtung zum Ausdruck bringen, die vielleicht auch ein Nachklingen der Lehre des Zweiten Vatikanischen Konzils ist.
Die Völker halten ihre Geschichte in Erzählungen fest, die sie in vielerlei Formen von Dokumenten weitergeben, dank derer sich die nationale Kultur

---

18 *Ebd.*, S. 149, 151, 152

bildet. Das hauptsächliche Mittel dieser fortschreitenden Entwicklung ist die Sprache. Mit ihrer Hilfe drückt der Mensch die Wahrheit über die Welt und über sich selbst aus und teilt den anderen das Ergebnis seiner Forschung in den verschiedenen Wissensgebieten mit. So verwirklicht sich eine Kommunikation zwischen den Personen, die einer tieferen Erkenntnis der Wahrheit und damit der Vertiefung und Konsolidierung der jeweiligen Identitäten dient. Im Licht dieser Überlegungen ist es möglich, den Begriff des Vaterlands genauer zu bestimmen. In meiner Rede vor der UNESCO habe ich mich auf die Erfahrung meines Vaterlands berufen, und das wurde besonders gut von den Vertretern jener Gesellschaften verstanden, die sich in der Phase der Bildung ihrer Heimatländer und der jeweiligen nationalen Identitäten befanden. Wir Polen haben diese Phase im Übergang vom 10. zum 11. Jahrhundert erlebt. Die Feiern zum 1000-jährigen Jubiläum der Taufe Polens haben uns daran erinnert. Wenn nämlich hier von Taufe gesprochen wird, bezieht sich das nicht nur auf das Sakrament der christlichen Initiation, das der erste geschichtliche Herrscher Polens empfing, sondern auch auf das Ereignis, das für die Geburt der Nation und für die Bildung ihrer christlichen Identität entscheidend war. In diesem Sinne bezeichnet die Taufe Polens eine Wende. In jenem Moment tritt Polen als Nation aus seiner Vorgeschichte heraus und beginnt, in der Geschichte zu existieren. Die Vorgeschichte verzeichnet das Vorhandensein einzelner slawischer Stämme.
Unter ethnischem Gesichtspunkt ist das bedeutendste Ereignis für die Gründung der Nation wohl die Vereinigung zweier großer Stämme: der Polanen aus dem Norden und der Wislanen aus dem Süden. Sie

aber waren nicht die einzigen Stämme. Auch die Bevölkerungen von Schlesien, Pommern und Masowien wurden der Nation eingegliedert. Vom Zeitpunkt der Taufe an beginnen diese, als polnische Nation zu existieren.

15. NATION UND KULTUR

Mit Ihren Ausführungen über die kulturelle und geschichtliche Identität der Nation haben Sie ein komplexes Thema angeschnitten. Spontan ergeben sich einige Fragen: Was ist unter Kultur zu verstehen? Was sind ihr Sinn und ihr Ursprung? Wie kann man die Rolle der Kultur im Leben einer Nation genauer umschreiben?

Die Ursprünge der Geschichte müssen – wie der Gläubige weiß – im Buch Genesis gesucht werden. Auch für die Ursprünge der Kultur muss man auf jene Seiten zurückgreifen. Alles ist enthalten in diesen einfachen Worten: »Gott, der Herr, formte den Menschen aus Erde vom Ackerboden und blies in seine Nase den Lebensatem. So wurde der Mensch zu einem lebendigen Wesen« (*Gen* 2, 7). Diese Entscheidung des Schöpfers besitzt einen besonderen Aspekt. Während er zur Erschaffung der übrigen Wesen einfach sagt: »Es sei«, geht er in diesem einzigen Fall gleichsam »in sich« für eine Art trinitarische Beratung und entscheidet dann: »Lasst uns den Menschen machen als unser Abbild, uns ähnlich« (*Gen* 1, 26). Die Erzählung fährt fort: »Gott schuf also den Menschen als sein Abbild: als Abbild Gottes schuf er ihn. Als Mann und Frau schuf er sie. Gott segnete sie und Gott sprach zu ihnen: Seid fruchtbar und vermehrt euch, bevölkert die Erde, unterwerft sie euch« (*Gen* 1, 27–28). Und über den sechsten Schöpfungstag liest man weiter: »Gott sah alles an, was er gemacht hatte: Es war sehr gut« (*Gen* 1, 31). Diese

Worte finden sich im ersten Kapitel des Buches Genesis, das gewöhnlich der »priesterschriftlichen« Überlieferung zugeschrieben wird.
Im zweiten Kapitel, das der redaktionellen Arbeit des Jahwisten zuzuschreiben ist, wird die Frage der Erschaffung des Menschen ausführlicher, deskriptiver und mehr aus psychologischer Sicht behandelt. Es beginnt mit der Feststellung, dass der Mensch, der inmitten des sichtbaren Kosmos ins Leben gerufen wurde, einsam ist. Er gibt den Wesen, die ihn umgeben, passende Namen. Und nachdem er alle Lebewesen durchgegangen ist, stellt er fest, dass es unter ihnen keines gibt, das ihm entspricht. Darum fühlt er sich einsam in der Welt. Diesem Gefühl der Einsamkeit schafft Gott Abhilfe, indem er sich entscheidet, die Frau zu erschaffen. Nach dem biblischen Text lässt der Schöpfer einen tiefen Schlaf auf den Menschen fallen und formt unterdessen aus einer seiner Rippen Eva. Als der Mensch aus seinem Schlaf erwacht, erblickt er mit Erstaunen das neue, ihm ähnliche Geschöpf und verleiht seiner Begeisterung Ausdruck: »Das endlich ist Bein von meinem Bein und Fleisch von meinem Fleisch« (*Gen* 2, 23). Auf diese Weise wird in der Welt dem männlichen Menschen der weibliche Mensch zur Seite gestellt. Und dann folgen die bekannten Worte, welche die Perspektive eines einzigartig bindenden Lebens in der Zweisamkeit eröffnen: »Darum verlässt der Mann Vater und Mutter und bindet sich an seine Frau, und sie werden *ein* Fleisch sein« (*Gen* 2, 24). Diese Vereinigung im Fleisch führt in die geheimnisvolle Erfahrung, Eltern zu sein.
Das Buch Genesis erzählt weiter, dass die beiden Menschen, die Gott als Mann und Frau erschaffen hatte, nackt waren und sich dessen nicht schämten

bis zu dem Moment, in dem sie sich von der Schlange, dem Symbol des bösen Geistes, verführen ließen. Eben diese Schlange überredete sie, die Frucht vom Baum der Erkenntnis von Gut und Böse zu pflücken; sie ermutigte sie, das klare Verbot Gottes zu übertreten, und sie tat das mit schmeichlerischen Worten: »Ihr werdet durchaus nicht sterben. Gott weiß vielmehr: Sobald ihr davon esst, gehen euch die Augen auf; ihr werdet wie Gott und erkennt Gut und Böse« (*Gen* 3, 4–5). Als beide, der Mann und die Frau, entsprechend der Einflüsterung des bösen Geistes handelten, erkannten sie, dass sie nackt waren, und begannen, sich ihres eigenen Körpers zu schämen. Sie hatten die ursprüngliche Unschuld verloren. Das dritte Kapitel des Buches Genesis skizziert in sehr ausdrucksstarker Weise die Folgen der Ursünde sowohl für die Frau als auch für den Mann sowie auch für ihre gegenseitige Beziehung. Dennoch kündigt Gott für die Zukunft eine Frau an, deren »Nachwuchs« der Schlange den Kopf zertreten wird, d. h., er kündigt das Kommen des Erlösers und sein Heilswerk an (vgl. *Gen* 3, 15).

Behalten wir diese Skizze des ursprünglichen Zustands des Menschen im Blick, denn wir werden später noch einmal auf das erste Kapitel des Buches Genesis zurückkommen, wo berichtet wird, dass Gott den Menschen als sein Abbild und ihm ähnlich erschuf und sagte: »Seid fruchtbar, und vermehrt euch, bevölkert die Erde, unterwerft sie euch, und herrscht über die Fische …« (vgl. *Gen* 1, 28). Diese Worte sind die allererste und vollständigste Definition der menschlichen Kultur. Die Erde zu unterwerfen und sie zu beherrschen bedeutet, die Wahrheit über das eigene Menschsein zu entdecken und zu bestätigen, über diese Menschlichkeit, an der Mann und Frau in gleichem Maße Anteil haben. Diesem Menschen, seiner Menschlichkeit, hat Gott die sichtbare Welt als Gabe und Aufgabe zugleich anvertraut. Er hat ihm also eine ganz bestimmte Sendung übertragen: die Wahrheit über sich selbst und über die Welt zu verwirklichen. Der Mensch muss sich von der Wahrheit über sich selbst leiten lassen, um die sichtbare Welt der Wahrheit gemäß zu gestalten, indem er sich ihrer für seine Ziele in rechter Weise bedient, ohne sie zu missbrauchen. Mit anderen Worten: Die doppelte Wahrheit über die Welt und über sich selbst ist das Fundament eines jeden Handelns des Menschen an der Schöpfung.

Diese Sendung des Menschen gegenüber der sichtbaren Welt, wie das Buch Genesis sie skizziert, erlebt in der Geschichte eine eigene Entwicklung, die in jüngeren Zeiten eine außerordentliche Beschleunigung erfahren hat. Alles begann mit der Erfindung der Maschine: Seither verwandelt der Mensch nicht mehr nur die ihm von der Natur bereitgestellten Rohstoffe, sondern auch die Produkte seiner eigenen Arbeit. In diesem Sinne hat die menschliche Arbeit die Merkmale der industriellen Produktion angenommen, deren wesentliche Norm jedoch immer dieselbe bleibt: Der Mensch muss der Wahrheit über sich selbst und über den Gegenstand seiner Arbeit treu bleiben, ganz gleich, ob es sich dabei um natürliche Rohstoffe oder um künstliche Produkte handelt.

Mit den ersten Seiten des Buches Genesis befinden wir uns im eigentlichen Kern dessen, was Kultur genannt wird, und erfassen ihre ursprüngliche und grundlegende Bedeutung, von der aus man schrittweise zu dem gelangen kann, was die Wahrheit unserer Industriegesellschaft ausmacht. Man sieht, dass sowohl in jener Ursprungsetappe als auch heute die

Zivilisation mit der Entwicklung der Erkenntnis der Wahrheit über die Welt verbunden ist und bleibt, d. h. mit der Entwicklung der Wissenschaft. Das ist ihre kognitive Dimension. Es wäre nötig, sich ausführlicher mit einer tief gehenden Analyse der ersten drei Kapitel des Buches Genesis zu beschäftigen; sie stellen die ursprüngliche Quelle dar, aus der man schöpfen muss. Für die menschliche Kultur ist nämlich nicht nur die Kenntnis wesentlich, die der Mensch von der äußeren Welt hat, sondern auch die Kenntnis, die er von sich selbst besitzt. Diese Erkenntnis der eigenen Wahrheit betrifft auch die Zweifachheit des Menschen: »Als Mann und Frau schuf er sie« (*Gen* 1, 27). Das erste Kapitel des Buches Genesis vervollständigt diese Beschreibung, indem es die Aufforderung Gottes in Bezug auf die menschliche Fortpflanzung mitteilt: »Seid fruchtbar, und vermehrt euch, bevölkert die Erde, unterwerft sie euch« (*Gen* 1, 28). Das zweite und dritte Kapitel bieten weitere Elemente, die helfen, den Plan Gottes besser zu verstehen: Was über die Einsamkeit des Menschen gesagt wird, über die Erschaffung eines ihm ebenbürtigen Wesens, über das ursprüngliche freudige Staunen des Mannes über die aus seinem Fleisch gewonnene Frau, über die Berufung zur Ehe und schließlich über die ganze Geschichte der anfänglichen, mit der Ursünde leider verlorenen Unschuld – all das bietet ein bereits vollständiges Bild dessen, was für die Kultur die aus der Erkenntnis geborene Liebe bedeutet. Diese Liebe ist die Quelle eines neuen Lebens. Und noch zuvor ist sie die Quelle eines schöpferischen Staunens, das danach verlangt, in einem Kunstwerk seinen Niederschlag zu finden. In der Kultur des Menschen spielt von Anfang an das Element der Schönheit eine sehr fundamentale Rolle.

Die Schönheit des Kosmos spiegelt sich gleichsam wider in den Augen Gottes, von dem es heißt: »Gott sah alles an, was er gemacht hatte: Es war sehr gut« (*Gen* 1, 31). Als »sehr gut« wird besonders das Erscheinen des ersten Paares bezeichnet, das als Gottes Abbild und ihm ähnlich erschaffen war, in all seiner ursprünglichen Unschuld und in jener Nacktheit, die vor der Ursünde für die beiden typisch war. All das steht an der Basis der Kultur, die sich in Kunstwerken ausdrückt, sei es in der Malerei, der Bildhauerei, der Architektur oder auch in der Musik oder in Werken der schöpferischen Fantasie und des Denkens.

Jede Nation lebt von den Werken ihrer eigenen Kultur. Wir Polen leben z. B. von all dem, dessen Ausgangspunkt wir in dem Lied *Bogurodzica (Mutter Gottes)* erkennen, der ältesten schriftlich niedergelegten polnischen Dichtung, wie auch in der dazugehörigen jahrhundertealten Melodie. Als ich 1979 während meiner ersten Pilgerreise nach Polen in Gnesen war, sprach ich darüber zu den Jugendlichen, die auf dem Hügel von Lech versammelt waren. Gerade das Lied *Bogurodzica* gehört in der polnischen Kultur in besonderer Weise zur Tradition von Gnesen. Es ist die Überlieferung des heiligen Patrons Adalbert, dem die Komposition nämlich zugeschrieben wird. Die Geschichte dieser Tradition erstreckt sich über Jahrhunderte. Das Lied *Bogurodzica* wurde zur Nationalhymne, die noch bei Grunwald die polnischen und litauischen Heere in der Schlacht gegen den Deutschen Orden[19] anführte. Gleichzeitig

---

19 Der Deutsche Orden, während des 3. Kreuzzuges bei der Belagerung Akkos 1190 von Lübecker und Bremer Kaufleuten als Krankenpflegeorden gegründet, wurde 1198 in einen geistlichen Ritterorden umge-

existierte bereits eine von Krakau ausgegangene Tradition, die an die Verehrung des hl. Stanislaus gebunden war. Sie findet ihren Ausdruck in dem lateinischen Hymnus *Gaude, Mater Polonia*, der noch heute in Latein gesungen wird, so wie *Bogurodzica* in seiner alten polnischen Mundart erklingt. Diese beiden Traditionen durchdringen sich gegenseitig. Bekanntlich war Latein neben dem Polnischen lange Zeit die Sprache der polnischen Kultur. In Latein wurden die Dichtungen geschrieben, wie z. B. die des Janicius, oder auch die politisch-moralischen Abhandlungen, z. B. die von Andrzej Frycz Modrzewski oder von Orzechowski, und selbst das Werk des Nikolaus Kopernikus, *De revolutionibus orbium caelestium*. Parallel entwickelte sich die polnische Literatur, angefangen mit Mikołaj Rej bis zu Jan Kochanowski, mit dem sie ein auf europäischer Ebene bedeutendes Niveau erreichte. Die Versübersetzung der Psalmen *(Psałterz Dawidów)* von Kochanowski wird noch heute gesungen. Seine Klagelieder *(Treny)* auf den Tod seiner Tochter stellen einen Gipfel der Lyrik dar. »Die Abfertigung der griechischen Gesandten« *(Odprawa posłow*

---

wandelt, dessen Mitglieder Armut, Keuschheit und Gehorsam gelobten. Im 13. Jahrhundert erwarb der D. O. ausgedehnte Gebiete in Osteuropa, wo er einen regelrechten Ordensstaat gründete, der 1402 mit einem Herrschaftsgebiet vom Nessauer Land, Culmerland und Pomerellen über Ermland, Samogilien, Kurland, Semgallen, Riga, Livland und Dorpat bis nach Gotland und Estland seine größte Ausdehnung erreichte. Nach der Vereinigung Litauens mit Polen (1386) geriet der D. O. durch Gebietsstreitigkeiten in einen wachsenden Gegensatz zu Polen, der wiederholt auch mit Waffengewalt ausgefochten wurde. Bei der hier erwähnten Schlacht handelt es sich um die in der deutschen Geschichtsschreibung als »Schlacht bei Tannenberg« bezeichnete kriegerische Auseinandersetzung vom 15. Juli 1410, die für den Deutschen Orden mit einer vernichtenden Niederlage endete. (Anm. d. Red.)

greckich) ist ein großartiges Drama, das an die antiken Vorbilder anknüpft.

Was ich hier sage, erinnert mich an die Rede, die ich vor der UNESCO hielt und die sich mit der Rolle der Kultur im Leben der Nationen beschäftigte. Die Kraft dieses Vortrags lag darin, dass er nicht eine Theorie der Kultur darstellte, sondern ein Zeugnis für die Kultur war – das einfache Zeugnis eines Menschen, der aufgrund seiner eigenen Erfahrung das zum Ausdruck brachte, was die Kultur in der Geschichte seiner Nation bedeutete und welche Rolle sie in der Geschichte jeder Nation spielt, z. B. im Leben der jungen Nationen des afrikanischen Kontinents. Man muss sich fragen, wie dieser gemeinsame Schatz der Menschheit, der Reichtum aller Kulturen, sich im Laufe der Zeit vermehren könnte und auf welche Weise man das rechte Verhältnis zwischen der Wirtschaft und der Kultur einhalten müsste, um dieses Gut, das größer, das menschlicher ist, nicht zugunsten der »Kultur« des Geldes und zugunsten der Übermacht eines einseitigen Ökonomismus zu zerstören. In diesem Fall ist es tatsächlich ziemlich belanglos, ob sich eine solche Vorherrschaft in marxistisch-totalitärer oder in westlich-liberaler Form durchsetzt. In der erwähnten Rede sagte ich damals unter anderem: »Der Mensch lebt ein authentisch menschliches Leben dank der Kultur […] Die Kultur ist eine besondere Weise des ›Daseins‹ und des ›Soseins‹ des Menschen […] Die Kultur ist das Mittel, durch das der Mensch mehr Mensch wird: mehr ›ist‹ […] Die Nation ist tatsächlich die große Gemeinschaft der Menschen, die durch verschiedene Bindungen, vor allem aber durch die Kultur, vereint sind. Die Nation existiert ›durch‹ die Kultur und ›für‹ die Kultur. Und gerade aus diesem Grunde ist sie die große Erzieherin der Menschen, damit diese in der Gemeinschaft ›mehr *sein*‹ können. Die Nation ist die Gemeinschaft, deren Geschichte über die des einzelnen Individuums und der einzelnen Familie hinausgeht. Ich bin Sohn einer Nation, welche die gewaltigsten Erfahrungen der Geschichte erlebt hat – einer Nation, die von ihren Nachbarn mehrmals zum Tode verurteilt wurde, die jedoch überlebt hat und sie selbst geblieben ist. Sie hat ihre Identität beibehalten und trotz der Teilungen und der ausländischen Besatzungen ihre nationale Eigenständigkeit bewahrt, indem sie sich nicht auf die Mittel der physischen Kraft stützte, sondern allein auf ihre Kultur. Diese Kultur hat sich im Bedarfsfall als machtvoller erwiesen als alle anderen Kräfte. Was ich hier in Bezug auf das Recht der Nation auf das Fundament der Kultur für ihre Zukunft sage, ist keineswegs der Reflex eines ›Nationalismus‹, sondern spiegelt ein konstantes Element der menschlichen Erfahrung und der humanistischen Perspektiven der Entwicklung des Menschen wider. Es gibt eine grundlegende Eigenständigkeit der Gesellschaft, die sich in der Kultur der Nation offenbart. Es handelt sich um die Eigenständigkeit, durch die zugleich der Mensch in höchstem Maße eigenständig ist.«[20]

Was ich bei dieser Gelegenheit über die Rolle der Kultur im Leben der Nation sagte, war ein Zeugnis, das ich für den polnischen Geist ablegen konnte. Meine diesbezüglichen Überzeugungen hatten inzwischen einen universalen Horizont gewonnen. An jenem 2. Juni 1980 stand ich bereits im zweiten Jahr meines Pontifikats. Ich hatte schon mehrere aposto-

---

20 Vgl. *Insegnamenti di Giovanni Paolo II*, III/1, Nr. 6, 7, 14, Vatikanstadt 1980, S. 1639–1640, 1647–1648

lische Reisen hinter mir: nach Lateinamerika, nach Afrika und nach Asien. Während dieser Reisen überzeugte ich mich von der Tatsache, dass ich mit meiner persönlichen Erfahrung der Geschichte meines Vaterlandes und mit dem Bewusstsein von dem Wert der Nation, das in mir gereift war, den Menschen, denen ich begegnete, durchaus nicht fremd gegenüberstand. Im Gegenteil, die Erfahrung meines Vaterlandes half mir enorm bei der Begegnung mit den Menschen und den Nationen aller Kontinente.
Meine Ausführungen vor der UNESCO zum Thema der durch die Kultur gefestigten Identität der Nation stießen bei den Vertretern der Länder der Dritten Welt auf besondere Zustimmung. Einige Vertreter Westeuropas zeigten sich, wie mir schien, etwas zurückhaltender. Man könnte sich nach dem Grund fragen. Eine meiner ersten apostolischen Reisen führte mich nach Zaire in Äquatorialafrika. Ein riesiges Land, wo 250 Sprachen, darunter vier Hauptsprachen, gesprochen werden und eine Vielzahl von Sippen und Stämmen lebt. Wie kann man aus dieser in sich so unterschiedlichen Pluralität eine einzige Nation bilden? In einer ähnlichen Situation befinden sich fast alle Länder Afrikas. Unter dem Gesichtspunkt der Bildung eines nationalen Bewusstseins sind sie vielleicht in einer Phase, die in der Geschichte Polens der Zeit Mieszkos I. und Boleslaws I. Chrobry, des »Tapferen«, entspricht. Unsere ersten Könige sahen sich vor ähnliche Aufgaben gestellt. Die These über die Bildung der nationalen Identität durch die Kultur, die ich der UNESCO unterbreitete, kam den lebenswichtigsten Bedürfnissen aller jungen Nationen entgegen, die auf der Suche nach Wegen der Konsolidierung der eigenen Souveränität waren.

Die Länder Westeuropas befinden sich heute in einem Stadium, das wir als eine Art »Folge-Identität« bezeichnen könnten. Eine solche Mentalität hat sich meiner Ansicht nach bei den Bürgern als Konsequenz der Wirkungen des Zweiten Weltkriegs herausgebildet, im Kontext eines Europa, das sich auf die Vereinigung zubewegte. Natürlich gibt es viele Gründe, die den starken Impuls zur Vereinigung des »alten Kontinents« erklären. Einer von ihnen ist jedoch zweifellos die fortschreitende Überwindung ausschließlich nationalistischer Kategorien bei der Bestimmung der eigenen Identität. Ja, die Nationen Westeuropas sehen sich gewöhnlich nicht der Gefahr ausgesetzt, die eigene nationale Identität zu verlieren. Die Franzosen haben keine Sorge, durch ihren Beitritt zur Europäischen Union aufzuhören, Franzosen zu sein, und das Gleiche gilt für die Italiener, die Spanier usw. Auch die Polen haben diese Befürchtung nicht, obwohl die Geschichte ihrer nationalen Identität sehr viel komplizierter ist.

Geschichtlich gesehen, hat der polnische Geist eine sehr interessante Evolution erlebt. Wahrscheinlich hat keine andere Nationalität in Europa eine ähnliche Entwicklung durchlaufen. Anfangs, in der Phase der Verschmelzung der Stämme der Polanen und der Wislanen und der anderen, war der polnische Geist der Piasten das vereinende Element; ihn könnten wir sozusagen als den »reinen« polnischen Geist bezeichnen. Dann folgte über einen Zeitraum von fünf Jahrhunderten der polnische Geist der jagiellonischen Epoche[21]; er ermöglichte die Bildung einer Re-

---

21 Die Dynastie der Jagiellonen, ein königliches Geschlecht in Litauen, Polen, Ungarn und Böhmen, herrschte über Polen von 1386 bis 1572. Ihr Gründer, der litauische Großfürst Vladislaus Jagiełło (um 1362–1434),

publik, die viele Nationen, viele Kulturen und viele Religionen umfasste. Alle Polen tragen das Bewusstsein dieser religiösen und nationalen Mannigfaltigkeit in sich. Ich persönlich komme aus Małopolska, aus dem Gebiet der alten Wislanen, das eng an Krakau gebunden ist. Aber auch in Małopolska – vielleicht sogar in Krakau noch mehr als an jedem anderen Ort – spürte man die Nähe von Vilnius und von Lemberg und die Nähe des Ostens.

Ein ethnographisch äußerst wichtiges Element war in Polen auch die Präsenz der Juden. Ich erinnere mich, dass mindestens ein Drittel meiner Klassenkameraden in der Grundschule von Wadowice Juden waren. Am Gymnasium waren sie etwas weniger zahlreich. Mit einigen verband mich eine enge Freundschaft. Und was mich bei einigen besonders beeindruckte, war ihr polnischer Patriotismus. Im Grunde ist also der polnische Geist ein Geist der Mannigfaltigkeit und des Pluralismus und nicht der Begrenztheit und der Verschlossenheit. Es scheint jedoch, dass die hier erwähnte »jagiellonische« Dimension des polnischen Geistes in unserer Zeit leider nicht mehr etwas so Selbstverständliches ist.

---

wurde 1386 in Krakau getauft, mit Jadwiga (Hedwig), der Tochter Ludwigs des Großen von Ungarn und Polen, verheiratet und als König von Polen gekrönt. Dadurch wurde Litauen christlich und mit Polen vereint. Die jagiellonische Dynastie war mit Herrscherhäusern von Schweden bis Neapel und Kastilien und auch in Osteuropa vielfältig verbunden. (Anm. d. Red.)

GEDANKEN ÜBER »EUROPA«
(Polen – Europa – Kirche)

16. DAS EUROPÄISCHE VATERLAND

Nachdem wir über Grundbegriffe wie Vaterland, Nation, Freiheit und Kultur nachgedacht haben, scheint es angebracht, Heiliger Vater, zum Thema »Europa« zurückzukommen, zu seiner Beziehung zur Kirche und zur Rolle Polens in diesem ausgedehnteren Kontext. Welches ist Ihre Sicht Europas? Wie beurteilen Sie die Ereignisse der Vergangenheit, die Gegenwart des Kontinents und seine Perspektiven für das dritte Jahrtausend? Welche Verantwortung hat Europa für die Geschicke der Welt?

Ein Pole kann keine vertiefte Reflexion über das Vaterland entfalten, ohne auf Europa zu sprechen zu kommen und ohne schließlich in eine Erörterung des Einflusses zu gelangen, den die Kirche auf die Entwicklung der einen oder der anderen Realität ausgeübt hat. Es ist klar, dass die Realitäten verschieden sind, aber es besteht auch kein Zweifel, dass die wechselseitigen Einflüsse tief greifend sind. Darum ist es unvermeidlich, dass sich in dem Gespräch Bezugnahmen auf die eine oder andere dieser Realitäten, »Vaterland«, »Europa«, »Kirche« und »Welt«, ergeben.

Polen ist ein Bestandteil Europas. Es befindet sich im europäischen Kontinent in einem durch bestimmte Grenzen festgelegten Territorium. Über das benachbarte Böhmen ist es mit dem Christentum lateinischer Tradition in Kontakt gekommen. Wenn von dem Beginn des Christentums in Polen die Rede ist,

sollte man zunächst einmal gedanklich zu den Anfängen des Christentums in Europa zurückgehen. In der Apostelgeschichte lesen wir, dass der hl. Paulus, während er das Evangelium noch in Kleinasien verkündete, auf geheimnisvolle Weise gerufen wurde, die Grenze zwischen den beiden Kontinenten zu überschreiten (vgl. *Apg* 16, 9). Von jenem Moment an begann die Evangelisierung Europas. Die Apostel selbst – und im Besonderen Paulus und Petrus – brachten die Frohe Botschaft nach Griechenland und nach Rom, und im Laufe der Jahrhunderte trugen diese apostolischen Anfänge ihre Frucht. Auf verschiedenen Wegen breitete sich das Evangelium über den europäischen Kontinent aus: über die italienische Halbinsel, über das Territorium der heutigen Länder Frankreich und Deutschland, über die Iberische Halbinsel, die Britischen Inseln und Skandinavien. Es ist bezeichnend, dass neben Rom das zweite Zentrum, von dem die Missionare ausgingen, Irland ist. Im Osten war das Zentrum der Ausstrahlung des Christentums – in seiner byzantinischen und später auch slawischen Form – Konstantinopel. Besonders bedeutend für die slawische Welt war die Mission der heiligen Brüder Cyrill und Methodius, die ihr Werk der Evangelisierung von Konstantinopel ausgehend unternahmen, zugleich jedoch mit Rom in Kontakt blieben. Zu jener Zeit bestand nämlich zwischen den Christen des Ostens und des Westens keine Trennung.
Warum beginnen wir, von der Evangelisierung zu sprechen, wenn wir uns über Europa unterhalten? Der Grund dafür ist wohl einfach die Tatsache, dass es die Evangelisierung war, die Europa geprägt hat, die den Grundimpuls für die Zivilisierung ihrer Völker und für ihre Kulturen gegeben hat. Die Verbrei-

tung des Glaubens auf dem Kontinent hat die Bildung der einzelnen europäischen Völker begünstigt, indem sie die Keime von Kulturen in sie einpflanzte, die zwar unterschiedliche Charakteristiken ausformten, aber durch das Erbe gemeinsamer Werte miteinander verbunden waren – eben der Werte, die im Evangelium verwurzelt sind. Auf diese Weise wurde der Pluralismus der nationalen Kulturen auf der Basis eines Grundstocks von Werten entwickelt, die der ganze Kontinent teilt. So war es im ersten Jahrtausend und – trotz der geschehenen Spaltungen – bis zu einem gewissen Grade auch im zweiten Jahrtausend: Europa hat im Pluralismus der nationalen Kulturen weiterhin in der Einheit seiner grundlegenden Werte gelebt.

Wenn wir sagen, dass die Evangelisierung einen fundamentalen Beitrag zur Gestaltung Europas gegeben hat, wollen wir damit nicht den Einfluss der klassischen Welt unterbewerten. Die Kirche selbst hat in ihrem missionarischen Vorgehen das kulturelle Erbe, das ihr vorausging, in sich aufgenommen und in neue Formen umgestaltet. Vor allem das Vermächtnis Athens und Roms, dann aber auch das der Völker, denen sie im Laufe ihrer Ausbreitung über den Kontinent begegnete. In der Evangelisierung Europas, durch die eine gewisse kulturelle Einheit der lateinischen Welt im Westen und der byzantinischen im Osten sichergestellt wurde, bewegte sich die Kirche nach den Kriterien dessen, was heute als Inkulturation bezeichnet wird. Sie trug nämlich zur Entwicklung der einheimischen und nationalen Kulturen bei. Darum ist es gut, dass die Kirche zuerst den hl. Benedikt und dann die Heiligen Cyrill und Methodius zu Patronen Europas erklärte. Damit machte sie allen den großen Prozess der Inkulturation deutlich, der im Laufe der Jahrhunderte geschehen war, und erinnerte zugleich daran, dass sie im europäischen Kontinent mit »zwei Lungenflügeln« atmen muss. Natürlich ist das eine Metapher, aber eine sehr ausdrucksstarke Metapher. Wie ein gesunder Organismus zwei Lungenflügel braucht, um normal atmen zu können, so braucht auch die Kirche, die auf geistiger Ebene gleichfalls ein Organismus ist, diese beiden Traditionen, um die Schätze der Offenbarung vollständiger ausschöpfen zu können.

Der langwierige Prozess der Bildung des christlichen Europa hat das gesamte erste Jahrtausend beansprucht und zum Teil auch noch das zweite. Man kann sagen, dass sich im Laufe dieses Prozesses nicht nur der christliche Charakter Europas gefestigt, sondern auch der europäische Geist selbst herausgebildet hat. Die Früchte eines solchen Prozesses sind in unserer Zeit vielleicht noch sichtbarer als im Altertum und im Mittelalter. Damals war nämlich die Welt in ihrer Gesamtheit wesentlich weniger bekannt. Im Osten Europas erstreckte sich der geheimnisvolle asiatische Kontinent mit seinen uralten Kulturen und auch mit Religionen, die älter waren als das Christentum. Der riesige amerikanische Kontinent war bis zum Ende des 15. Jahrhunderts völlig unbekannt. Dasselbe galt natürlich auch für Australien, das noch später entdeckt wurde. Und was Afrika betrifft, so kannte man im Altertum und im Mittelalter nur den nördlichen, mediterranen Teil. Darum kam ein reflektiertes Denken in »europäischen« Kategorien erst später auf, mit dem Beginn einer ausreichenden Erforschung des gesamten Erdballs. In den Jahrhunderten davor dachte man in Kategorien, die an einzelne Reiche gebunden waren: zuerst an das ägyptische Reich, dann an die in ständiger Veränderung befindlichen Reiche des Vorderen Orients, dann an das Reich Alexanders des Großen und schließlich an das römische Imperium.

Wenn man die Apostelgeschichte liest, sollte man sich unbedingt die Zeit nehmen, ein Ereignis genauer zu betrachten, das für die Evangelisierung Europas und auch für die Geschichte des europäischen Geistes selbst von beachtlicher Bedeutung ist. Ich meine damit das, was sich auf dem Areopag in Athen zutrug, als Paulus dorthin gelangte und eine zu Recht berühmte Rede hielt: »Athener«, sagte er, »nach allem, was ich sehe, seid ihr besonders fromme Menschen. Denn als ich umherging und mir eure Heiligtümer ansah, fand ich auch einen Altar mit der Aufschrift: Einem unbekannten Gott. Was ihr verehrt, ohne es zu kennen, das verkünde ich euch. Gott, der die Welt erschaffen hat und alles in ihr, er, der Herr über Himmel und Erde, wohnt nicht in Tempeln, die von Menschenhand gemacht sind. Er lässt sich auch nicht von Menschen bedienen, als brauche er etwas: er, der allen das Leben, den Atem und alles gibt. Er hat aus einem einzigen Menschen das ganze Menschengeschlecht erschaffen, damit es die ganze Erde bewohne. Er hat für sie bestimmte Zeiten und die Grenzen ihrer Wohnsitze festgesetzt. Sie sollten Gott suchen, ob sie ihn ertasten und finden könnten; denn keinem von uns ist er fern. Denn in ihm leben wir, bewegen wir uns und sind wir, wie auch einige von euren Dichtern gesagt haben: Wir sind von seiner Art. Da wir also von Gottes Art sind, dürfen wir nicht meinen, das Göttliche sei wie ein goldenes oder silbernes oder steinernes Gebilde menschlicher Kunst und Erfindung. Gott, der über die Zeiten der Unwissenheit hinweggesehen hat, lässt jetzt den Menschen verkünden, dass überall alle um-

kehren sollen. Denn er hat einen Tag festgesetzt, an dem er den Erdkreis in Gerechtigkeit richten wird, durch einen Mann, den er dazu bestimmt und vor allen Menschen dadurch ausgewiesen hat, dass er ihn von den Toten auferweckte« (*Apg* 17, 22–31).
Wenn man das liest, wird einem klar, dass Paulus durchaus vorbereitet auf dem Areopag erschien: Er kannte die griechische Philosophie und Dichtung. Er sprach zu den Athenern, indem er von der Vorstellung eines »unbekannten Gottes« ausging, dem sie einen Altar gewidmet hatten. Diesen Gott beschrieb er in seinen ewigen Eigenschaften: in seiner Weisheit, seiner Allmacht, seiner Allgegenwart, in seiner geistigen Natur und in seiner Gerechtigkeit. Auf diese Weise, durch eine Art Theodizee, in der er sich einzig an die Vernunft wendete, bereitete er die Zuhörer darauf vor, die Verkündigung des Mysteriums der Inkarnation zu hören. So konnte er von der Offenbarung Gottes in dem Menschen Christus sprechen, der gekreuzigt wurde und auferstand. Doch genau an diesem Punkt reagierten seine Athener Zuhörer, die bis dahin bereit zu sein schienen, seine Darlegung wohlwollend aufzunehmen, negativ. In dem Bericht heißt es: »Als sie von der Auferstehung der Toten hörten, spotteten die einen, andere aber sagten: Darüber wollen wir dich ein andermal hören« (*Apg* 17, 32). So endete die Mission des Paulus auf dem Areopag mit einem Misserfolg, auch wenn einige unter denen, die ihn gehört hatten, sich ihm anschlossen und gläubig wurden. Unter ihnen befand sich nach der Überlieferung auch Dionysius, der Areopagit.
Aus welchem Grund habe ich die Rede des Paulus auf dem Areopag vollständig zitiert? Weil sie gewissermaßen den Auftakt zu dem späteren Wirken des

Christentums in Europa darstellt. Auf die Zeit einer großartigen Entwicklung der Evangelisierung, die im Laufe des ersten Jahrtausends fast alle europäischen Länder erreichte, folgte das Mittelalter mit seinem christlichen Universalismus: das Mittelalter eines einfachen, starken und tiefen Glaubens, das Mittelalter der gotischen Kathedralen und der theologischen Summen. Die Evangelisierung Europas schien nicht nur beendet, sondern auch in jeder Hinsicht ausgereift: reif nicht allein auf dem Gebiet des philosophischen und theologischen Denkens, sondern auch im Bereich der Kunst und der sakralen Architektur und dazu auch in Bezug auf die soziale Solidarität (Kunsthandwerker-Vereinigungen, Bruderschaften, Hospize ...). Dennoch sah sich dieses so reife Europa vom Jahr 1054 an gezeichnet von der tiefen Verwundung des »östlichen Schismas«. In dem einen Organismus der Kirche hatten die beiden Lungenflügel ihre gesunde Funktion aufgegeben: Jeder von ihnen hatte sogar begonnen, so etwas wie einen eigenen Organismus zu bilden. Diese Spaltung bestimmte das geistige Leben des christlichen Europa vom Anfang des zweiten Jahrtausends an.

Der Beginn der Neuzeit brachte weitere Risse und Spaltungen mit sich, diesmal im Westen. Die in die Öffentlichkeit getragenen Positionen Martin Luthers lösten die Reformation aus. Weitere Reformatoren wie Calvin und Zwingli folgten ihm. Auf dieser Linie muss auch die Loslösung der Kirche auf den Britischen Inseln vom Sitz Petri gesehen werden. Westeuropa, das während des Mittelalters ein unter religiösem Aspekt vereinter Kontinent gewesen war, erfuhr somit an der Schwelle zur Neuzeit schwere Spaltungen, die die besonders traurige Realität der Religionskriege auslösten und sich in den folgenden

Jahrhunderten weiter verfestigten. Auf der Basis des Prinzips des »*Cuius regio eius religio* – wess' Land, dess' Religion« führte das schließlich auch zu politischen Konsequenzen.

All das gehört zur Geschichte Europas und hat – beinahe wie eine Vorankündigung weiterer Spaltungen und neuer Leiden, die mit der Zeit noch auftauchen würden – den europäischen Geist belastet und seine Sicht der Zukunft beeinflusst. Es muss jedoch unterstrichen werden, dass der Glaube an den gekreuzigten und auferstandenen Christus als gemeinsamer Nenner für die Christen der Reformationszeit erhalten blieb. Getrennt waren sie in Bezug auf ihr Verhältnis zur Kirche und zu Rom, aber die Wahrheit von der Auferstehung Christi verwarfen sie nicht, wie es die Zuhörer des hl. Paulus auf dem Areopag von Athen getan hatten. Das gilt zumindest für den Anfang. Leider sollte man im Laufe der Zeit schrittweise auch noch bis zu diesem Punkt kommen.

Die Ablehnung Christi und besonders seines Pascha-Mysteriums von Kreuz und Auferstehung zeichneten sich an der Schwelle vom 17. zum 18. Jahrhundert am Horizont des europäischen Denkens ab. Es war dies die Zeit der Aufklärung, zuerst der französischen und dann der englischen und der deutschen. Die Aufklärung stellte sich in ihren verschiedenen Ausdrucksformen dem entgegen, was Europa aufgrund der Evangelisierung geworden war. Ihre Vertreter konnte man in gewisser Weise mit den Zuhörern des Paulus auf dem Areopag vergleichen. Die Mehrheit unter ihnen lehnte nicht die Existenz des »unbekannten Gottes« als eines geistigen und transzendenten Wesens ab, in dem wir »leben, uns bewegen und sind« (vgl. *Apg* 17, 28). Die radikalen Aufklärer verwarfen jedoch – über fünfzehn Jahrhunderte nach der Rede auf dem Areopag – die Wahrheit über Christus, den Sohn Gottes, der sich zu erkennen gab, indem er Mensch wurde, in Bethlehem aus der Jungfrau geboren wurde, die Gute Nachricht verkündete und schließlich sein Leben hingab für die Sünden aller Menschen. Von diesem gestorbenen und auferstandenen Gottmenschen wollte das »aufgeklärte« europäische Denken sich befreien und setzte alles daran, ihn aus der Geschichte des Kontinents auszuschließen. Das ist ein Einsatz, dem bis heute nicht wenige Denker und Politiker in halsstarriger Treue ergeben sind.

Die Vertreter des postmodernen Denkens beurteilen sowohl das wertvolle Erbe als auch die Illusionen der Aufklärung kritisch. Bisweilen ist ihre Kritik jedoch übertrieben, denn sie geht so weit, nicht einmal den Wert der aufklärerischen Standpunkte in Bezug auf den Humanismus, auf das Vertrauen auf die Vernunft und auf den Fortschritt anzuerkennen. In diesem Zusammenhang muss man allerdings zugleich auch das polemische Verhalten nicht weniger aufklärerischer Denker gegenüber dem Christentum verzeichnen. Das wahre »kulturelle Drama«, das sich noch in unseren Tagen abspielt, besteht gerade in der Tatsache, dass Überzeugungen wie die oben erwähnten, die in Wirklichkeit in der christlichen Tradition selbst tief verwurzelt sind, in Gegensatz zum Christentum gebracht werden.

Bevor ich in dieser Analyse des europäischen Geistes fortfahre, möchte ich mich noch auf einen weiteren Text des Neuen Testaments beziehen: auf den Abschnitt, in dem Jesus die Allegorie des Weinstocks und der Reben darlegt. Christus sagt: »Ich bin der Weinstock, ihr seid die Reben« (*Joh* 15, 5). Und dann entwickelt er diese bedeutende Metapher, indem er in großen Zügen eine Art Theologie der Inkarnation und der Erlösung umreißt. Er ist der Stamm des Weinstocks, der Vater ist der Winzer und die einzelnen Menschen sind die Reben. Mit diesem Gleichnis konfrontierte Jesus die Apostel am Tag vor seiner Passion: der Mensch als Rebe. Diesem Bild nähert sich Blaise Pascal an, wenn er den Menschen als ein »denkendes Schilfrohr« bezeichnet.[22] Doch der tiefere und wesentlichere Aspekt der Metapher ist das, was Christus über die Kultivierung des Weinstocks sagt. Gott, der den Menschen erschaffen hat, kümmert sich um dieses sein Geschöpf. Als Winzer pflegt und veredelt er es. Er pflegt es in der ihm eigenen Art. Er pfropft die Menschheit auf den »Stumpf« der Gottheit seines eingeborenen Sohnes auf. Genau dazu wird der ewige und dem Vater wesensgleiche Sohn Mensch.

Warum diese »Kultivierung« durch Gott? Ist denn die Aufpfropfung eines menschlichen Rebzweiges auf den Weinstock, welcher der Mensch gewordene Gott ist, überhaupt möglich? Die Antwort der Offenbarung ist klar: Der Mensch ist seit Anbeginn in ein Sein gerufen, das als Abbild Gottes und ihm ähnlich gestaltet ist (vgl. *Gen* 1, 27), und somit birgt sein Menschsein von Anfang an etwas Göttliches in sich. Darum kann das Menschsein des Menschen auch auf diese außergewöhnliche Art »veredelt« werden. Ja, in der jetzigen Heilsökonomie kann der Mensch sich nur dann völlig selbst verwirklichen, wenn er sich auf den göttlichen Weinstock Christi aufpfropfen lässt. Wenn er diese Einfügung verweigert, verurteilt er sich de facto selbst zu einem unvollständigen Menschsein.

---

22 Vgl. *Pensées*, 347 (Brunschvicg)

Warum greifen wir an diesem Punkt unserer Überlegungen über Europa auf das Gleichnis Christi vom Weinstock und den Reben zurück? Vielleicht gerade darum, weil wir mit seiner Hilfe das Drama der europäischen Aufklärung am besten erläutern können. Indem sie Christus verwarf oder zumindest sein Handeln in der Geschichte der Menschheit und der Kultur ausklammerte, führte eine bestimmte Strömung des europäischen Denkens eine Wende herbei. Dem Menschen wurde der »Weinstock« entzogen, die Einpfropfung in jenen Weinstock, der ihm das Erreichen der Fülle seines Menschseins garantiert, wurde ihm vorenthalten. Man kann sagen, dass in qualitativ neuer, bis dahin nie – oder zumindest nicht auf solcher Ebene – gekannter Form den verheerenden Erscheinungen des Bösen, die sich später verwirklichen sollten, der Weg geebnet wurde.
Nach der Definition des hl. Thomas ist das Böse das Fehlen von etwas Gutem, das in einem bestimmten Wesen vorhanden sein müsste. Im Menschen, der als Gottes Abbild und ihm ähnlich erschaffen und nach dem Sündenfall durch Christus erlöst worden ist, müsste das Gut der Teilhabe am Wesen und am Leben Gottes selbst vorhanden sein, denn Christus hat ihm dieses unglaubliche Privileg durch das Mysterium der Inkarnation und der Erlösung erworben. Den Menschen dieses Gutes zu berauben, bedeutet – in der Sprache des Evangeliums –, die »Rebe« vom Weinstock abzutrennen. Die Folge ist, dass die menschliche Rebe sich nicht bis zu der Fülle entwickeln kann, die der »Winzer«, d. h. der Schöpfer, ihr zugedacht hat.

17. DIE EVANGELISIERUNG DES ÖSTLICHEN MITTELEUROPA

Die Evangelisierung des östlichen Teils Mitteleuropas hatte, wie Sie bereits andeuteten, ihre ganz eigene Geschichte. Das hat sicher das kulturelle Erscheinungsbild jener Völker nicht unbeeinflusst gelassen.

Tatsächlich gebührt der Evangelisierung, die von Byzanz ausging, ein besonderes Augenmerk. Man kann wohl sagen, dass ihr Symbol die Heiligen Cyrill und Methodius, die Apostel der Slawen, sind. Sie waren Griechen aus Thessalonich und unternahmen die Evangelisierung der Slawen, indem sie vom Territorium des heutigen Bulgarien ausgingen. Ihre erste Sorge war es, die Sprache des Ortes zu erlernen, indem sie ihren Lauten eine bestimmte Anzahl von Schriftzeichen zuordneten, die dann das erste slawische Alphabet bildeten, das später als die kyrillische Schrift bezeichnet wurde. Mit leichten Veränderungen ist sie in den Ländern des slawischen Ostens noch heute gebräuchlich, während der slawische Westen die lateinische Schrift übernommen hat, da dort anfänglich Latein die Sprache der gebildeten Schichten war, bevor sie dann schrittweise eigene Literatur hervorbrachten.

Cyrill (826–869) und Methodius (um 815–885) wirkten auf Einladung des Fürsten von Groß-Mähren in dem Territorium, auf das sich der Staat im 9. Jahrhundert erstreckte. Möglicherweise kamen sie bis ins Land der Wislanen, jenseits der Karpaten. Sicherlich wirkten sie in der Region von Pannonien, also im heutigen Ungarn, sowie auch in den Gebieten von Kroatien, Bosnien und Herzegowina und in der Umgebung von Ochrid, d. h. im Bereich des slawischen Mazedonien. Sie ließen jeweils Anhänger und Schüler zurück, die in ihrer Nachfolge die missionarische Arbeit fortsetzten. Auf diese Weise übten die beiden heiligen Brüder sogar in den Gebieten nördlich des Schwarzen Meeres einen Einfluss auf die Evangelisierung der Slawen aus. Durch die Taufe des hl. Wladimir im Jahr 988 erstreckte sie sich nämlich über die gesamte Kiewer Rus'[23]; danach stieß sie schrittweise in den Norden des heutigen Russland vor und kam bis zum Ural. Im 13. Jahrhundert musste diese Evangelisierung infolge der Invasion der Mongolen, die den Staat von Kiew zerstörten, eine schwere Prüfung von historischer Tragweite durchstehen. Trotzdem verstanden es die neuen religiösen und politischen Zentren im Norden, speziell Moskau, die christliche Tradition in ihrer slawisch-byzantinischen Form nicht nur zu schützen, sondern es gelang ihnen auch, sie im europäischen Raum bis zum Ural und sogar darüber hinaus im Territorium von Sibirien und im Norden Asiens zu verbreiten.

All das gehört zur Geschichte Europas und spiegelt in gewisser Weise das Wesen des europäischen Geistes wider. Wenn auch die Zeit nach der Reformation unter dem Druck des Prinzips *Cuius regio eius religio* zu den Religionskriegen führte, so erkannten doch nicht wenige Christen verschiedener Konfessionen, dass diese Kriege im Widerspruch zum Evangelium standen, und schrittweise gelang es ihnen, dem Prinzip der Religionsfreiheit zum Durchbruch zu verhelfen, mit dem sich die Möglichkeit einer per-

---

[23] Vgl. Anm. 14

sönlichen Wahl der Konfession und der entsprechenden kirchlichen Zugehörigkeit durchsetzte. Außerdem begannen die verschiedenen christlichen Konfessionen – besonders die evangelikaler und protestantischer Herkunft – im Laufe der Zeit, nach Wegen der Verständigung und der Übereinstimmung zu suchen. Das waren die ersten Schritte, die dann zur ökumenischen Bewegung führten. Was die katholische Kirche betrifft, so war das entscheidende Ereignis auf diesem Gebiet das Zweite Vatikanische Konzil, auf dem sie die eigene Position in Bezug auf alle Kirchen und kirchlichen Vereinigungen außerhalb der katholischen Einheit definierte und sich mit absoluter Entschiedenheit für die ökumenische Aktivität einsetzte. Dieses Ereignis ist wichtig für die zukünftige vollständige Einheit aller Christen. Vor allem im Laufe des 20. Jahrhunderts sind sie sich darüber klar geworden, dass sie nicht darauf verzichten können, die Einheit untereinander zu suchen, um die Christus am Tag vor seiner Passion betete: »Alle sollen eins sein: Wie du, Vater, in mir bist und ich in dir bin, sollen auch sie in uns sein, damit die Welt glaubt, dass du mich gesandt hast« (*Joh* 17, 21). Da auch die Patriarchen des orthodoxen Ostens sich aktiv dem ökumenischen Dialog widmen, ist es erlaubt, die Hoffnung auf die vollständige Einheit in nicht allzu ferner Zukunft zu hegen. Der Apostolische Stuhl seinerseits ist entschlossen, über den Dialog sowohl mit der Orthodoxie als auch mit den einzelnen Kirchen und kirchlichen Vereinigungen des Westens alles zu unternehmen, was ihm in dieser Hinsicht möglich ist.
Wie in der Apostelgeschichte berichtet wird, hat Europa das Christentum von Jerusalem über Kleinasien empfangen. Von Jerusalem gingen ursprünglich die

Missionswege aus, welche die Apostel Christi »bis an die Grenzen der Erde« (*Apg* 1, 8) führen sollten. Doch bereits in apostolischer Zeit verlegte sich das Zentrum der missionarischen Ausbreitung nach Europa. Zuallererst nach Rom, wo die heiligen Apostel Petrus und Paulus ihr Zeugnis für Christus ablegten, aber dann auch nach Konstantinopel, d. h. Byzanz. So hatte die Evangelisierung ihre beiden Hauptzentren in Rom und in Byzanz. Von diesen beiden Städten zogen die Missionare aus, um den Auftrag Christi zu erfüllen: »Geht zu allen Völkern, und macht alle Menschen zu meinen Jüngern; tauft sie auf den Namen des Vaters und des Sohnes und des Heiligen Geistes« (*Mt* 28, 19). Die Ergebnisse dieses missionarischen Wirkens sind auch jetzt noch in Europa sichtbar: Sie spiegeln sich in der kulturellen Orientierung der Bevölkerungen wider. Wenn die von Rom kommenden Missionare einen Prozess der Inkulturation eingeleitet haben, der die lateinische Form des Christentums entstehen ließ, so förderten die aus Byzanz kommenden die byzantinische Version: zunächst die griechische und dann die slawische der Brüder Cyrill und Methodius. Auf diesen beiden Hauptwegen ist die Evangelisierung von ganz Europa durchgeführt worden.

Im Laufe der Jahrhunderte aber ging dann die Evangelisierung schrittweise über die Grenzen Europas hinaus. Es war eine ruhmreiche Unternehmung, auf die jedoch das Problem der Kolonisierung einen Schatten wirft. Im modernen Sinn dieses Wortes kann man von der Entdeckung Amerikas an von Kolonisierung sprechen. Gerade der amerikanische Kontinent war die erste große europäische »Kolonie«: in seinem südlichen und mittleren Teil durch das Wirken der Spanier und Portugiesen, im Norden durch die Initiative der Franzosen und Briten. Die Kolonisierung war ein vorübergehendes Phänomen. Einige Jahrhunderte nach der Entdeckung Amerikas haben sich im Süden und im Norden neue Gesellschaften und auch neue postkoloniale Staaten gebildet, die in immer größerem Ausmaß zu wirklichen Partnern Europas geworden sind.

Die Feier des 500-jährigen Jubiläums der Entdeckung Amerikas bot die Gelegenheit, die wichtige Frage nach dem Verhältnis zwischen der Entwicklung der amerikanischen Gesellschaften des Nordens und des Südens und den Rechten der eingeborenen Bevölkerungen zu stellen. Im Grunde begleitet diese Frage jede Kolonisierung. Auch die des afrikanischen Kontinents. Sie entspringt der Tatsache, dass die Kolonisierung immer ein Überbringen und Aufpfropfen des »Neuen« auf den alten Stamm beinhaltet. Das dient unter einem gewissen Aspekt dem Fortschritt der eingeborenen Bevölkerungen, bringt aber zugleich eine Art Enteignung nicht nur ihres Landes, sondern auch ihres geistigen Erbes mit sich. In welcher Weise hat sich dieses Problem in Nordamerika und in Südamerika gezeigt? Wie muss eine moralische Bewertung im Licht der verschiedenen Situationen, die in der Geschichte aufgetreten sind, ausfallen? Das sind Fragen, die man sich gerechterweise stellen muss, und die Pflicht gebietet es, nach einer angemessenen Antwort zu suchen. Ebenso pflichtgemäß sind das Eingeständnis der von den Kolonisatoren begangenen Schuld sowie auch das entsprechende Bemühen, im Rahmen des Möglichen für ihre Wiedergutmachung zu sorgen.

In jedem Fall gehört das Problem der Kolonisierung in gewisser Weise zur Geschichte Europas und zum europäischen Geist. Europa ist relativ klein. Zugleich ist es jedoch ein sehr weit entwickelter Kontinent, dem die Vorsehung sozusagen die Aufgabe übertragen hat, einen vielseitigen Austausch von Gütern zwischen verschiedenen Teilen der Erde, zwischen verschiedenen Ländern, Nationen und Völkern des Erdballs einzuleiten. Und man darf auch nicht vergessen, dass es Europa war, von wo aus sich das missionarische Werk der Kirche über die Erde ausgebreitet hat. Nachdem es von Jerusalem die Gute Nachricht vom Heil empfangen hatte, ist Europa – sowohl das römische als auch das byzantinische – zu einem großen Evangelisationszentrum für die Welt geworden und hat trotz aller Krisen bis heute nicht aufgehört, es zu sein. Mag sein, dass sich die Situation einmal ändern wird. Mag sein, dass sich die Kirche in den europäischen Ländern in mehr oder weniger ferner Zukunft in der Lage befinden wird, die Hilfe der Kirche anderer Kontinente nötig zu haben. Sollte das eintreten, kann die neue Situation als eine Art Rückzahlung der »Schulden« interpretiert werden, die diese Kontinente gegenüber Europa für die Verkündigung des Evangeliums haben.

Wenn von Europa die Rede ist, muss schließlich hervorgehoben werden, dass man unmöglich an seine jüngere Geschichte denken kann, ohne die beiden großen Revolutionen in Betracht zu ziehen: die Französische gegen Ende des 18. und die russische zu Beginn des 20. Jahrhunderts. Beide waren eine Gegenreaktion auf das Feudalsystem, das in Frankreich die Form des »aufgeklärten Absolutismus« und in Russland die der zaristischen »Autokratie« (*samodierżawie*) angenommen hatte. Die Französische Revolution, die viele unschuldige Opfer forderte, ebnete am Ende Napoleon den Weg zur Macht. Er proklamierte sich selbst zum Kaiser der

Franzosen und herrschte dank seines militärischen Genies in Europa während des ersten Jahrzehnts des 19. Jahrhunderts. Nach dem Sturz Napoleons gab der Wiener Kongress Europa das System des aufgeklärten Absolutismus zurück; das geschah besonders in den Ländern, die für die Teilung Polens verantwortlich waren. Das Ende des 19. und der Beginn des 20. Jahrhunderts festigten diese Machtverteilung und verzeichneten in Europa das Entstehen und die Festigung einiger Nationen, z. B. der italienischen.
Im zweiten Jahrzehnt des 20. Jahrhunderts verfiel die europäische Situation bis zum Ausbruch des Ersten Weltkriegs. Er war der blutige Zusammenstoß der »Großen Bündnisse« – auf der einen Seite Frankreich, England und Russland, dem sich auch Italien anschloss, und auf der anderen Deutschland und Österreich –, doch war er auch der Konflikt, aus dem für einige Völker die Freiheit hervorging. Im Jahre 1918, zum Abschluss des Ersten Weltkriegs, tauchen auf der Landkarte Europas die Staaten wieder auf, die bis dahin durch die Macht der Invasoren ihrer Souveränität beraubt worden waren. So kennzeichnet das Jahr 1918 für Polen, Litauen, Lettland und Estland die Wiedererlangung ihrer Unabhängigkeit. Ähnlich entsteht im Süden die freie tschechoslowakische Republik, während einige andere Nationen Mitteleuropas in die jugoslawische Union eingehen. Die Ukraine und Weißrussland erlangen trotz der wohlbekannten Bestrebungen und Erwartungen dieser Völker die Unabhängigkeit noch nicht. Diese unter politischem Aspekt neue Machtverteilung in Europa sollte kaum 20 Jahre überdauern.

18. FRÜCHTE DES GUTEN AUF DEM BODEN DER AUFKLÄRUNG

Die Explosion des Bösen, die sich im Ersten Weltkrieg ereignet hatte, bekam im Zweiten Weltkrieg und in den Verbrechen, von denen wir zu Beginn unseres Gedankenaustauschs gesprochen haben, eine sogar noch schrecklichere Fortsetzung. Sie haben gesagt, dass der Blick auf das Europa von heute sich nicht auf das Schlechte beschränken darf, auf das zerstörerische Erbe der Aufklärung und der eben erwähnten Französischen Revolution. Das wäre tatsächlich eine einseitige Sicht. Wie muss man darum den Blick weiten, um auch die positiven Aspekte der jüngeren Geschichte dieses unseres Europa wahrzunehmen?

Die europäische Aufklärung hat nicht nur die Grausamkeiten der Französischen Revolution hervorgebracht; sie hatte auch positive Früchte wie die Idee der Freiheit, der Gleichheit und der Brüderlichkeit – Werte, die übrigens im Evangelium verwurzelt sind. Auch wenn sie unabhängig von ihm ausgerufen wurden, offenbarten diese Ideen schon von sich aus ihre Herkunft. Auf diese Weise bereitete die französische Aufklärung den Boden für ein besseres Verständnis der Menschenrechte. In Wirklichkeit verletzte die Revolution diese Rechte de facto auf vielerlei Weise. Dennoch wurde von da an mit der allmählichen Überwindung der feudalen Traditionen die effektive Anerkennung der Menschenrechte energischer vorangetrieben. Man muss jedoch unterstreichen, dass diese Rechte bereits bekannt waren, insofern sie in der Natur des von Gott als sein Abbild erschaffenen Menschen begründet sind und in der Heiligen Schrift von den ersten Seiten des Buches Genesis an als solche erklärt werden. Auf sie beruft sich Christus selbst wiederholte Male, wenn er im Evangelium unter anderem betont: »Der Sabbat ist für den Menschen da, nicht der Mensch für den Sabbat« (*Mk* 2, 27). Mit diesen Worten verdeutlicht er mit Vollmacht die größere Würde des Menschen, indem er auf das letztlich göttliche Fundament seiner Rechte hinweist.

Auch die Idee des Rechtes der Nation hat eine eigene Verbindung zur Tradition der Aufklärung und sogar zur Französischen Revolution. Das Recht der Nation auf ihre Existenz, ihre eigene Kultur und auch auf die politische Souveränität war in jener historischen Epoche, d. h. im 18. Jahrhundert, für viele Nationen des europäischen Kontinents und auch außerhalb seiner Grenzen von besonderer Bedeutung. Das galt für Polen, das genau in jenen Jahren trotz der Verfassung vom 3. Mai[24] zusehends seine Unabhängigkeit verlor. Das galt besonders jenseits des Ozeans für die Vereinigten Staaten von Amerika, die sich damals formierten. Es ist bezeichnend, dass diese drei Ereignisse – die Französische Revolution (1789–1799), die Verabschiedung der Verfassung vom 3. Mai (1791) in Polen und die Unabhängigkeitserklärung der Vereinigten Staaten von Amerika (4. Juli 1776) – in so kurzem zeitlichem Abstand voneinander geschahen. Aber Ähnliches könnte man

---

24 Am 3. Mai 1791 verabschiedete der »Vierjährige Reichstag« eine Verfassung Polens, die übrigens die erste geschriebene Verfassung Europas überhaupt war. (Anm. d. Red.)

auch von verschiedenen Ländern Lateinamerikas sagen, die nach langer Feudalzeit damals ein neues Nationalbewusstsein erlangten, wodurch in ihnen Unabhängigkeitsbestrebungen gegen die spanische oder portugiesische Krone reiften.

So setzten sich also – leider unter dem Blut vieler auf dem Schafott hingerichteter Opfer – die Grundrechte von Freiheit, Gleichheit und Brüderlichkeit durch, erhellten die Geschichte der Völker und Nationen zumindest der beiden Kontinente Europa und Amerika und leiteten eine neue Geschichtsepoche ein. Was die Idee der Brüderlichkeit betrifft – eine zutiefst im Evangelium verankerte Vorstellung –, so erbrachte ihr die Zeit der Französischen Revolution sogar eine neue Konsolidierung in der Geschichte Europas und der Welt. Die Brüderlichkeit ist ein Band, das nicht nur die Menschen zusammenhält, sondern auch die Nationen miteinander verbindet. Die Geschichte der Welt müsste vom Prinzip der »Brüderlichkeit der Völker« geleitet sein und nicht nur von dem des Spiels der politischen Kräfte oder der Hegemonie des Willens der Monarchen ohne genügende Berücksichtigung der Rechte der Menschen und der Nationen.

Die Ideen von Freiheit, Gleichheit und Brüderlichkeit waren am Anfang des 19. Jahrhunderts auch deswegen ein Segen, weil jene Jahre eine große Wende in der so genannten sozialen Frage mit sich bringen sollten. Der Kapitalismus der Anfänge der industriellen Revolution erstickte auf verschiedene Weise die Freiheit, die Gleichheit und die Brüderlichkeit, indem er mit Rücksicht auf die Gesetze des Marktes die Ausbeutung des Menschen durch den Menschen zuließ. Das aufklärerische Bewusstsein begünstigte – vor allem in seinem Verständnis von Freiheit – sicherlich das Entstehen des *Kommunistischen Manifests* von Karl Marx, es löste jedoch auch – und bis zu einem gewissen Grade sogar unabhängig von diesem Appell – das Aufkommen der Forderungen nach sozialer Gerechtigkeit aus, einer Gerechtigkeit, die ebenfalls ihre letzte Wurzel im Evangelium hat. Es gibt zu denken, wenn man feststellt, wie diese Prozesse aufklärerischen Ursprungs häufig zu einer vertieften Wiederentdeckung von Wahrheiten geführt haben, die im Evangelium enthalten sind. Die Sozialenzykliken, angefangen von *Rerum novarum* Leos XIII. über die Enzykliken des 20. Jahrhunderts bis zu *Centesimus annus*, lassen das deutlich werden.

In den Dokumenten des Zweiten Vatikanischen Konzils kann man eine anregende Synthese der Beziehung zwischen Christentum und Aufklärung finden. Ehrlich gesagt, sprechen die Texte nicht direkt darüber, bei gründlicherer Prüfung im Licht des derzeitigen kulturellen Kontextes bieten sie jedoch diesbezüglich viele wertvolle Hinweise. Das Konzil hat in der Art der Darlegung der Lehre bewusst auf jede Polemik verzichtet. Es hat es vorgezogen, sich als einen weiteren Ausdruck jener Inkulturation anzubieten, die von der Zeit der Apostel an mit dem Christentum einherging. Wenn die Christen die Hinweise des Konzils befolgen, können sie auf die heutige Welt zugehen und einen konstruktiven Dialog mit ihr aufnehmen. Sie können sich auch wie der barmherzige Samariter dem verletzten Menschen zuneigen und versuchen, jetzt zu Beginn des 21. Jahrhunderts seine Wunden zu heilen. Die eilfertige Sorge, dem Menschen Hilfe zu bringen, ist unvergleichlich viel wichtiger als Polemiken und Anklagen, die z. B. den aufklärerischen Hintergrund der großen geschichtlichen Katastrophen des 20. Jahrhunderts betreffen.

Der Geist des Evangeliums drückt sich nämlich vor allem in der Bereitschaft aus, dem Nächsten die eigene geschwisterliche Hilfe zu gewähren.

»Tatsächlich klärt sich nur im Geheimnis des fleischgewordenen Wortes das Geheimnis des Menschen wahrhaft auf.«[25] Mit diesen Worten drückt das Zweite Vatikanische Konzil die Anthropologie aus, die an der Basis der gesamten Konzilslehre steht. Christus zeigt den Menschen nicht nur die Wege des inneren Lebens, sondern er bietet sich selbst als »Weg« an, dem man folgen muss, um das Ziel zu erreichen. Er ist der »Weg«, weil er das inkarnierte Wort, weil er der Mensch schlechthin ist. Im Konzilstext heißt es weiter: »Denn Adam, der erste Mensch, war das Vorausbild des zukünftigen, nämlich Christi des Herrn. Christus, der neue Adam, macht eben in der Offenbarung des Geheimnisses des Vaters und seiner Liebe dem Menschen den Menschen selbst voll kund und erschließt ihm seine höchste Berufung.«[26] Allein Christus offenbart mit seinem Menschsein das Geheimnis des Menschen bis zum Grunde. In die Tiefe dieses Geheimnisses vorzudringen, ist nämlich nur dann möglich, wenn man von der Erschaffung des Menschen als Ebenbild Gottes ausgeht. Auf der Basis einer Bezugnahme auf die anderen Geschöpfe der sichtbaren Welt kann der Mensch sich selbst nicht völlig begreifen. Den »Schlüssel« zu einem Verstehen seiner selbst findet der Mensch in der Betrachtung des göttlichen Prototyps, des inkarnierten Wortes, des ewigen Sohnes des Vaters. Erste und entscheidende Quelle für das Verständnis des innersten Wesens des Menschen ist

---

25 *Gaudium et spes*, Nr. 22
26 *Ebd.*

also die Heiligste Dreifaltigkeit. All das besagt die biblische Formulierung vom »Abbild Gottes«, die sich bereits am Anfang des Buches Genesis findet (vgl. *Gen* 1, 26–27). Um also das Wesen des Menschen von Grund auf zu erklären, muss man auf diese Quelle zurückgehen.

Die Konzilskonstitution *Gaudium et spes* entwickelt diesen Grundgedanken noch weiter. Christus »ist ›das Ebenbild des unsichtbaren Gottes‹ (*Kol* 1, 15). Er ist zugleich der vollkommene Mensch, der den Söhnen Adams die Gottebenbildlichkeit wiedergab, die von der ersten Sünde her verunstaltet war. Da in ihm die menschliche Natur angenommen wurde, ohne dabei verschlungen zu werden, ist sie dadurch auch schon in uns zu einer erhabenen Würde erhöht worden.«[27] Diese Kategorie der Würde ist sehr wichtig, ja sogar wesentlich für das christliche Menschenbild. Auf sie wird in großem Umfang Bezug genommen in der gesamten nicht nur theoretischen, sondern auch praktischen Anthropologie, in der Morallehre und sogar in den Dokumenten politischen Charakters. Die dem Menschen eigene Würde gründet sich nach der Lehre des Konzils nicht allein auf das Menschsein, sondern noch mehr auf die Tatsache, dass in Jesus Christus Gott wahrer Mensch geworden ist. Darum heißt es in der Folge: »Er, der Sohn Gottes, hat sich in seiner Menschwerdung gewissermaßen mit jedem Menschen vereinigt. Mit Menschenhänden hat er gearbeitet, mit menschlichem Geist gedacht, mit einem menschlichen Willen hat er gehandelt, mit einem menschlichen Herzen geliebt. Geboren aus Maria, der Jungfrau, ist er in Wahrheit einer aus uns geworden, in allem uns gleich außer der

---

27 *Ebd.*

Sünde.«[28] Hinter diesen Formulierungen steht ein großes doktrinelles Ringen der Kirche des ersten Jahrtausends, um das Mysterium des Gottmenschen in richtiger Weise darzustellen. Das wird in fast allen Konzilen sichtbar, die unter verschiedenen Gesichtspunkten immer wieder auf dieses für das Christentum so fundamentale Glaubensgeheimnis zurückkommen. Das Zweite Vatikanische Konzil gründet seine Lehre auf den ganzen doktrinellen Reichtum, der bis dahin über die Menschheit Christi ausgearbeitet worden war, um daraus eine wesentliche Folgerung für die christliche Anthropologie zu ziehen. Genau darin besteht sein Erneuerungscharakter.

Das Mysterium des inkarnierten WORTES ist uns auch in geschichtlicher Dimension für das Verständnis des Geheimnisses des Menschen hilfreich. Christus ist nämlich der »Letzte Adam«, wie uns Paulus im ersten Brief an die Korinther lehrt (vgl. *1 Kor* 15, 45). Dieser Letzte Adam ist der Erlöser des Menschen, der Erlöser des ersten Adam, d. h. des geschichtlichen Menschen, der durch das Erbe des ursprünglichen Falles belastet ist. In *Gaudium et spes* heißt es dazu: »Als unschuldiges Opferlamm hat er freiwillig sein Blut vergossen und uns Leben erworben. In ihm hat Gott uns mit sich und untereinander versöhnt und der Knechtschaft des Teufels und der Sünde entrissen. So kann jeder von uns mit dem Apostel sagen: Der Sohn Gottes ›hat mich geliebt und sich selbst für mich dahingegeben‹ (*Gal* 2, 20). Durch sein Leiden für uns hat er uns nicht nur das Beispiel gegeben, dass wir seinen Spuren folgen, sondern er hat uns auch den Weg gebahnt, dem wir folgen müssen, damit Leben und Tod geheiligt wer-

---

28 Ebd.

den und neue Bedeutung erhalten. [...] Auch auf dem Christen liegen ganz gewiss die Notwendigkeit und auch die Pflicht, gegen das Böse durch viele Anfechtungen hindurch anzukämpfen und auch den Tod zu ertragen; aber dem österlichen Geheimnis verbunden und dem Tod Christi gleichgestaltet, geht er, durch Hoffnung gestärkt, der Auferstehung entgegen.«[29]

Es heißt, das Konzil habe zu dem geführt, was Karl Rahner die »anthropologische Wende« nannte. Der Gedanke hat seine Berechtigung, es darf darüber aber auf keinen Fall vergessen werden, dass diese Wende einen zutiefst christologischen Charakter besitzt. Die Anthropologie des Vatikanum II ist in der Christologie und somit letztlich in der Theologie verwurzelt. Die zitierten Sätze aus der Konstitution *Gaudium et spes* stellen, genau betrachtet, den eigentlichen Kern der Wende dar, die die Kirche in der Darlegung ihrer Anthropologie vollzogen hat. Auf der Basis dieser Lehre konnte ich in der Enzyklika *Redemptor hominis* sagen, dass »der Mensch der Weg der Kirche ist«[30].

In *Gaudium et spes* wird sehr deutlich hervorgehoben, dass die Erklärung des Geheimnisses des Menschen, so verwurzelt es im Mysterium des inkarnierten WORTES ist, »nicht nur für die Christgläubigen gilt, sondern für alle Menschen guten Willens, in deren Herzen die Gnade unsichtbar wirkt. Da nämlich Christus für alle gestorben ist, und da es in Wahrheit nur eine letzte Berufung des Menschen gibt, die göttliche, müssen wir festhalten, dass der Heilige Geist allen die Möglichkeit anbietet, diesem österlichen

---

29 *Ebd.*
30 *Redemptor hominis*, Nr. 14

Geheimnis in einer Gott bekannten Weise verbunden zu sein.«[31]

Die Anthropologie des Konzils hat einen deutlich dynamischen Charakter; sie spricht vom Menschen im Licht seiner Berufung, spricht von ihm in existenzieller Weise. Und noch einmal wird die Sicht des Geheimnisses des Menschen vorgestellt, die sich den Gläubigen durch die christliche Offenbarung eröffnet hat: »Durch Christus und in Christus also wird das Rätsel von Schmerz und Tod hell, das außerhalb seines Evangeliums uns überwältigt. Christus ist auferstanden, hat durch seinen Tod den Tod vernichtet und uns das Leben geschenkt, auf dass wir, Söhne im Sohn, im Geist rufen: Abba, Vater!«[32] Ein solcher Ansatz in Bezug auf das zentrale Geheimnis des Christentums entspricht ganz unmittelbar den Herausforderungen des heutigen Denkens, das auf das Existenzielle hin ausgerichtet ist. Es ist ein Denken, in dem die Frage nach dem Sinn menschlicher Existenz und speziell nach dem Sinn von Leid und Tod hervortritt. Und genau aus dieser Perspektive erweist sich das Evangelium als die größte Prophetie. Es ist die Prophetie über den Menschen. Außerhalb des Evangeliums bleibt der Mensch ein dramatisches Rätsel ohne eine ausreichende Antwort. Die richtige Antwort auf das Rätsel Mensch ist tatsächlich Christus, der *Redemptor hominis*.

---

31 *Gaudium et spes*, Nr. 22
32 *Ebd.*

19. DIE SENDUNG DER KIRCHE

Im Oktober 1978 haben Sie, Heiliger Vater, das vom Krieg und vom Kommunismus geprüfte Polen verlassen, um nach Rom zu kommen und die Aufgabe des Nachfolgers Petri zu übernehmen. Die polnischen Erfahrungen haben Sie einer neuen postkonziliaren Form von Kirche näher gebracht: einer Kirche, die den Problemen der Laien und der Welt gegenüber offener ist als in der Vergangenheit. Welches sind nun Ihrer Meinung nach die wichtigsten Aufgaben der Kirche in der heutigen Welt? Wie müsste die Haltung der Kirchenmänner sein?

Heute ist eine ungeheure Arbeit der Kirche erforderlich. In besonderer Weise bedarf es des Laienapostolats, von dem das Zweite Vatikanische Konzil spricht. Absolut unentbehrlich ist vor allem ein vertieftes missionarisches Bewusstsein. Die Kirche in Europa und in allen Kontinenten muss sich darüber im Klaren sein, dass sie immer und überall eine missionarische Kirche ist *(in statu missionis)*. Die Sendung gehört derart zu ihrem Wesen, dass sie niemals und an keinem Ort, nicht einmal in den Ländern gefestigter christlicher Tradition, eine nicht missionarische Kirche sein kann. Papst Paul VI. hat während der 15 Jahre seines Pontifikats mithilfe der Bischofssynode dieses vom Zweiten Vatikanischen Konzil erneuerte Bewusstsein weiter gefördert. So war ihm z. B. das apostolische Schreiben *Evangelii nuntiandi* ein Herzensanliegen. Ich selbst habe von den ersten Wochen meines Dienstes an versucht, auf diesem Weg weiterzugehen. Das bezeugt das erste Dokument des Pontifikats, *Redemptor hominis*.

In dieser von Christus empfangenen Sendung muss die Kirche unermüdlich sein. Sie muss, wie Christus selbst und wie die Apostel, demütig und mutig sein. Wenn sie auf Widerspruch stößt, wenn sie auf verschiedene Weise beschuldigt wird – z. B. der so genannten Proselytenmacherei oder des Versuchs einer Klerikalisierung des sozialen Lebens –, darf sie sich nicht entmutigen lassen. Vor allem darf sie nicht aufhören, das Evangelium zu verkünden. Dessen war sich bereits der hl. Paulus bewusst, als er an seinen Schüler schrieb: »Verkünde das Wort, tritt dafür ein, ob man es hören will oder nicht; weise zurecht, tadle, ermahne in unermüdlicher und geduldiger Belehrung« (*2 Tim* 4, 2). Eine solche innerlich empfundene Forderung – von deren Stärke auch diese anderen Worte des Paulus zeugen: »Weh mir, wenn ich das Evangelium nicht verkünde!« (*1 Kor* 9, 16) –, woher kommt sie? Es ist klar! Sie entspringt dem Bewusstsein, dass uns außer Christus kein anderer Name unter dem Himmel gegeben ist, durch den die Menschen gerettet werden können (vgl. *Apg* 4, 12).

»Christus: ja – die Kirche: nein!«, wenden einige Zeitgenossen ein. Das ist ein Programm, in dem sich trotz des Protestes eine gewisse Öffnung gegenüber Christus zu zeigen scheint, die von der Aufklärung ausgeschlossen wurde. Doch es ist eine nur scheinbare Öffnung. Wenn Christus nämlich wirklich akzeptiert wird, schließt das die Kirche ein, die ja sein mystischer Leib ist. Es gibt keinen Christus ohne Inkarnation, und es gibt keinen Christus ohne Kirche. Die Inkarnation des Sohnes Gottes in einer menschlichen Natur hat seinem Willen gemäß eine Fortsetzung in der menschlichen Gemeinschaft, die er gegründet und der er mit den Worten: »Seid gewiss: Ich bin bei euch alle Tage bis zum Ende der Welt« (*Mt* 28, 20) seine ständige Gegenwart zugesagt hat. Sicher, die Kirche als menschliche Institution bedarf ständig der Läuterung und der Erneuerung; das hat das Zweite Vatikanische Konzil mit mutiger Offenheit anerkannt.[33] Die Kirche als Leib Christi ist jedoch die normale Bedingung der Gegenwart und des Handelns Christi in der Welt.

Man kann sagen, dass die hier dargelegten Gedanken direkt oder indirekt das zum Ausdruck bringen, was die Leitlinie der Initiativen zur Zweitausendjahrfeier der Geburt Christi und zum Beginn des dritten Jahrtausends war. Ich habe darüber in den beiden apostolischen Schreiben gesprochen, die ich anlässlich dieses Ereignisses an die Kirche und in gewisser Weise an alle Menschen guten Willens richtete. Sowohl im ersten, *Tertio millennio adveniente*, als auch im zweiten, *Novo millennio ineunte*, habe ich betont, dass das Große Jubiläum ein Faktum war, das wie nie zuvor das ganze Menschengeschlecht anging. Christus gehört zur Geschichte der gesamten Menschheit und gibt dieser Geschichte Gestalt. Er beseelt sie in der ihm eigenen Art, ähnlich wie der Sauerteig aus dem Evangelium. Von Ewigkeit her gibt es einen Plan zur vergöttlichenden Umgestaltung des Menschen und der Welt in Christus. Und diese Umgestaltung vollzieht sich fortschreitend – auch in unserer Zeit.

Das von der Konstitution *Lumen gentium* skizzierte Bild der Kirche verlangte in gewisser Weise nach einer Vervollständigung. Mit Scharfsinn erfasste das

---

33 Vgl. *Lumen gentium*, Nr. 8; *Gaudium et spes*, Nr. 43; *Unitatis redintegratio*, Nr. 6

Johannes XXIII. selbst und entschied in den letzten Wochen vor seinem Tod, dass das Konzil noch an einem Dokument arbeiten solle, das eigens die Kirche in der Welt von heute betrifft. Diese Arbeit erwies sich als äußerst fruchtbar. Die Konstitution *Gaudium et spes* öffnete die Kirche allem, was der Begriff »Welt« beinhaltet. Bekanntlich hat dieses Wort in der Heiligen Schrift eine Doppelbedeutung. Wenn z. B. vom »Geist der Welt« (vgl. *1 Kor* 2, 12) die Rede ist, bezieht sich das auf alles, was in der Welt von Gott entfernt: Heute könnten wir das in dem Begriff der laizistischen Säkularisierung zusammenfassen. Doch diese negative Bedeutung von »Welt« wird in der Heiligen Schrift durch die positive ausgeglichen: die Welt als Werk Gottes, als die Gesamtheit der Güter, die der Schöpfer dem Menschen übergeben und als eine Aufgabe anvertraut hat, die er mit erleuchtetem und verantwortungsvollem Unternehmungsgeist erfüllen soll; die Welt als der Schauplatz der Geschichte der Menschheit, geprägt von ihren Unternehmungen, Niederlagen und Siegen. Wenngleich durch die Sünde des Menschen verunreinigt, ist diese Welt jedoch von Christus, dem Gekreuzigten und Auferstandenen, erlöst und wartet darauf, auch dank des Einsatzes des Menschen zu ihrer endgültigen Vollendung zu gelangen.[34] In einer Paraphrasierung der Aussage des hl. Irenäus könnte man sagen: *Gloria Dei mundus secundum amorem Dei ab homine excultus* – Die Herrlichkeit Gottes ist die vom Menschen der Liebe Gottes entsprechend vervollkommnete Welt.

---

34 Vgl. *Gaudium et spes*, Nr. 2

20. DIE BEZIEHUNG DER KIRCHE ZUM STAAT

Die missionarischen Aufgaben der Kirche werden in einer bestimmten Gesellschaft und im Territorium eines bestimmten Staates verwirklicht. Wie sehen Sie die Beziehung der Kirche zum Staat in der aktuellen Situation?

In der pastoralen Konstitution *Gaudium et spes* steht: »Die politische Gemeinschaft und die Kirche sind auf je ihrem Gebiet voneinander unabhängig und autonom. Beide aber dienen, wenn auch in verschiedener Begründung, der persönlichen und gesellschaftlichen Berufung der gleichen Menschen. Diesen Dienst können beide zum Wohl aller um so wirksamer leisten, je mehr und besser sie rechtes Zusammenwirken miteinander pflegen; dabei sind jeweils die Umstände von Ort und Zeit zu berücksichtigen. Der Mensch ist ja nicht auf die zeitliche Ordnung beschränkt, sondern inmitten der menschlichen Geschichte vollzieht er ungeschmälert seine ewige Berufung.«[35] Was das Konzil unter dem Begriff der »Trennung« von Kirche und Staat versteht, ist weit entfernt von der Bedeutung, welche die totalitären Systeme ihm zuschreiben wollten. Das war zweifellos eine Überraschung und in gewissem Sinne auch eine Herausforderung für zahlreiche Länder, besonders für die unter kommunistischer Herrschaft. Natürlich konnten diese Regime eine solche

---

35 *Gaudium et spes*, Nr. 76

Position des Konzils nicht zurückweisen, doch wurde es ihnen zugleich bewusst, dass sie ihrer eigenen Vorstellung der Trennung von Kirche und Staat einen harten Schlag versetzte. Ihrer Ansicht nach gehört nämlich die Welt ausschließlich dem Staat; die Kirche hat ihren eigenen Bereich, der sozusagen außerhalb der »Grenzen« der Welt liegt. Die Auffassung des Konzils von der Kirche »in« der Welt weist eine solche Interpretation zurück. Die Welt ist für die Kirche eine Aufgabe und eine Herausforderung. Sie ist es für alle Christen und in besonderer Weise für die katholischen Laien. Das Konzil hat mit Entschiedenheit die Frage des Laienapostolats aufgeworfen, d.h. die Frage der aktiven Präsenz der Christen im gesellschaftlichen Leben. Doch genau dieser Bereich sollte nach der marxistischen Ideologie der ausschließlichen Herrschaft des Staates und der Partei vorbehalten bleiben.

Es ist nicht überflüssig, daran zu erinnern, denn es gibt heute Parteien, die trotz ihres sicheren demokratischen Ursprungs eine zunehmende Neigung zeigen, die Prinzipien der Trennung von Kirche und Staat nach dem Ansatz zu interpretieren, der den kommunistischen Regierungen eigen war. Natürlich verfügen die Gesellschaften jetzt über geeignete Mittel zur Selbstverteidigung. Sie müssen nur bereit sein, sie auch anzuwenden. Doch gerade in dieser Hinsicht erweckt eine gewisse Passivität, die im Verhalten der gläubigen Bürger festzustellen ist, Beunruhigung. Man gewinnt den Eindruck, einst sei ihre Sensibilität bezüglich ihrer Rechte auf religiösem Gebiet lebendiger und folglich ihre Bereitschaft, sie mit den verfügbaren demokratischen Mitteln zu verteidigen, unmittelbarer gewesen. Heute erweist sich das alles irgendwie als abgeschwächt und sogar gebremst, wohl auch aufgrund einer ungenügenden Vorbereitung der politischen Eliten.

Im 20. Jahrhundert ist vieles unternommen worden, um die Welt vom Glauben abzubringen und um zu erreichen, dass sie Christus ablehnt. Gegen Ende des Jahrhunderts – und somit auch des Jahrtausends – sind die zerstörerischen Kräfte schwächer geworden, haben jedoch eine große Verwüstung hinterlassen. Es handelt sich um eine Verwüstung der Gewissen mit verheerenden Konsequenzen im Bereich sowohl der persönlichen als auch der familiären Moral sowie im Bereich der Sozialethik. Die Seelsorger, die das geistliche Leben des Menschen täglich vor Augen haben, wissen das besser als alle anderen. Wenn ich mit ihnen spreche, höre ich häufig erschütternde Bekenntnisse. Das Europa an der Schwelle zwischen den beiden Jahrtausenden könnte man leider als den Kontinent der Verwüstungen bezeichnen. Die politischen Programme, die vor allem auf die wirtschaftliche Entwicklung ausgerichtet sind, reichen allein nicht aus, um derartige Wunden zu heilen. Sie können sie sogar noch vertiefen. Hier erschließt sich der Kirche ein enormes Arbeitsgebiet. Die Ernte des Evangeliums, wie sie sich in der heutigen Welt darstellt, ist wirklich groß. Man muss nur den Herrn bitten – und ihn mit Nachdruck bitten –, Arbeiter in diese Ernte zu senden, die nur darauf wartet, eingebracht zu werden.

21. EUROPA IM KONTEXT DER ANDEREN KONTINENTE

Vielleicht könnte es nun aufschlussreich sein, Europa unter dem Gesichtspunkt seiner Beziehung zu den anderen Kontinenten zu betrachten. Sie haben an den Arbeiten des Konzils teilgenommen und viele Begegnungen mit Persönlichkeiten aus aller Welt gehabt, besonders während Ihrer zahlreichen apostolischen Reisen. Welchen Eindruck haben Sie bei diesen Begegnungen gewonnen?

Ich beziehe mich vor allem auf die Erfahrungen, die ich als Bischof sowohl während des Konzils als auch in der späteren Zusammenarbeit mit den verschiedenen Dikasterien der Römischen Kurie gemacht habe. Von besonderer Bedeutung war für mich die Teilnahme an den Versammlungen der Bischofssynode. Diese verschiedenen Treffen gaben mir die Möglichkeit, mir ein ziemlich genaues Bild der Beziehungen Europas zu den außereuropäischen Ländern und vor allem zu den außereuropäischen Kirchen zu machen. Diese Beziehungen gestalteten sich im Licht der Konzilslehren in der Perspektive der *communio ecclesiarum*, einer Gemeinschaft, die sich in einem Austausch der Güter und der Dienste ausdrückt mit dem Ergebnis einer gegenseitigen Bereicherung. Die Kirche in Europa – und speziell in Westeuropa – lebt seit Jahrhunderten mit den Christen der Reformation zusammen; im Osten sind die Orthodoxen vorherrschend. Der »katholischste« Kontinent außerhalb Europas ist Lateinamerika. In

Nordamerika bilden die Katholiken die relative Mehrheit. In etwa so ähnlich ist die Situation in Australien und Ozeanien. Auf den Philippinen umfasst die Kirche die Mehrheit der Bevölkerung. Auf dem asiatischen Kontinent befinden sich die Katholiken zahlenmäßig in der Minderheit. Afrika ist ein Missionskontinent, wo die Kirche weiterhin bedeutende Fortschritte macht. Der größte Teil der außereuropäischen Kirchen ist dank missionarischer Initiativen entstanden, deren Ausgangspunkt Europa war. Sie sind heute Kirchen mit ihrer eigenen Identität und ihrem klaren, spezifischen Charakter. Wenn sich sowohl die süd- und nordamerikanischen als auch die afrikanischen oder asiatischen Kirchen geschichtlich gesehen als eine »Ausstrahlung« Europas betrachten können, so stellen sie doch heute für den Alten Kontinent eine Art geistliches Gegengewicht dar, umso mehr, als in ihm ein gewisser Prozess der Entchristianisierung voranschreitet.

Im Laufe des 20. Jahrhunderts ist eine Situation der Konkurrenz zwischen den drei Welten entstanden. Der Sinn dieser Diktion ist bekannt: Während der kommunistischen Herrschaft in Osteuropa begann man, das Gebiet hinter dem Eisernen Vorhang als »Zweite Welt«, als die »kollektivistische« Welt, zu bezeichnen und sie der kapitalistischen »Ersten Welt«, die der Westen bildete, gegenüberzustellen. Alles, was sich außerhalb dieses Bereiches befand, wurde »Dritte Welt« genannt, wobei damit besonders die Entwicklungsländer gemeint waren.

In einer so geteilten Welt hat die Kirche sofort begriffen, dass sie die ihr eigene Aufgabe, die Evangelisierung, in verschiedener Weise gestalten musste. Wenn es um die soziale Gerechtigkeit ging – ein nicht zweitrangiges Kapitel der Evangelisierung –, hat die

Kirche in ihrem pastoralen Einsatz bei der Bevölkerung der »kapitalistischen Welt« weiterhin den gerechten Fortschritt befürwortet, ohne jedoch vor den Prozessen der Entchristianisierung zurückzuweichen, die in den alten aufklärerischen Traditionen verwurzelt sind. In ihrer Beziehung zur kommunistischen »Zweiten Welt« hingegen empfand die Kirche die Dringlichkeit, vor allem für die Verteidigung der Menschenrechte und der Rechte der Nationen Partei zu ergreifen. Das geschah nicht nur in Polen, sondern auch in den angrenzenden Ländern. In den Ländern der »Dritten Welt« schließlich hat sich die Kirche neben ihrer Aufgabe, die dortige Bevölkerung zum Christentum zu führen, dafür eingesetzt, die ungerechte Verteilung der Güter nicht nur zwischen den einzelnen gesellschaftlichen Gruppen, sondern auch zwischen den Zonen des Erdballs selbst deutlich zu machen. Tatsächlich wurde der Unterschied zwischen dem reichen Norden, der sich ständig noch mehr bereicherte, und dem armen Süden, der auch nach dem Ende der Kolonisierung weiterhin ausgebeutet wurde und in vielerlei Weise benachteiligt war, immer offensichtlicher. Statt abzunehmen, wurde die Armut des Südens ständig größer. Man konnte nicht anders, als darin eine Konsequenz des unkontrollierten Kapitalismus zu sehen, der, während er einerseits der weiteren Bereicherung der Reichen diente, andererseits die Armen in Konditionen zunehmenden Verfalls trieb.
Das ist die Sicht Europas und der Welt, die ich anhand der Kontakte mit den Bischöfen anderer Kontinente während der Konzilssitzungen und anlässlich der postkonziliaren Begegnungen gewann. Nach meiner Wahl auf den Sitz Petri am 16. Oktober 1978 habe ich, sowohl wenn ich in Rom war als auch wenn

ich mich aufmachte, um in Pastoralbesuchen den verschiedenen Kirchen in aller Welt zu begegnen, diese Sicht bestätigen und vertiefen können. Und aus dieser Perspektive heraus habe ich mein Amt im Dienst der Evangelisierung einer bereits in großem Ausmaß vom Evangelium durchdrungenen Welt fortgeführt. In diesen Jahren habe ich immer versucht, mich in besonderer Weise um die Aufgaben zu kümmern, die sich im Grenzbereich zwischen der Kirche und der Welt von heute abzeichnen. Die pastorale Konstitution *Gaudium et spes* spricht von »Welt«, aber bekanntlich umgreift diese Bezeichnung in Wirklichkeit Welten, die sehr verschieden voneinander sind. Gerade darauf habe ich bereits während des Konzils die Aufmerksamkeit der Konzilsväter gelenkt, als ich als Metropolit von Krakau das Wort ergriff.

DEMOKRATIE – CHANCEN UND RISIKEN

22. DIE HEUTIGE DEMOKRATIE

Die Französische Revolution hat in der Welt das Motto »Freiheit, Gleichheit, Brüderlichkeit« als Grundsatzprogramm der modernen Demokratie verbreitet. Wie beurteilen sie das demokratische System in seiner augenblicklichen westlichen Erscheinungsform?

Die bisher angestellten Überlegungen haben uns zu einer Frage geführt, die besonders bedeutsam für die europäische Gesellschaft zu sein scheint: Es ist die Frage, welche die Demokratie betrifft, und zwar nicht nur, insofern sie als politisches System verstanden wird, sondern auch als eine geistige und sittliche Grundhaltung. Die Demokratie hat ihre Wurzeln in der griechischen Überlieferung, obwohl sie im antiken Hellas nicht dasselbe bedeutete wie in unseren Zeiten. Die klassische Unterscheidung zwischen den drei möglichen Formen eines politischen Regimes ist bekannt: Monarchie, Aristokratie und Demokratie. Jedes dieser Systeme bietet eine eigene Antwort auf die Frage nach dem primären Subjekt der Machtausübung. Im monarchischen System ist dieses Subjekt ein Individuum, sei er nun König, Kaiser oder Prinzregent. Im aristokratischen System ist es eine gesellschaftliche Gruppe, welche die Macht ausübt aufgrund besonderer Auszeichnungen wie z. B. Tapferkeit in der Schlacht, Abstammung oder Reichtum. Im demokratischen System ist dagegen das Subjekt der Machtausübung die gesamte Gesellschaft, das »Volk« (griechisch: *demos*). Es ist selbstverständlich, dass die demokratische Regierungsform sich angesichts der Unmöglichkeit einer unmittelbaren Machtausübung durch alle der Arbeit von Volksvertretern bedient, die durch freie Wahlen bestimmt werden.

Alle drei Formen der Machtausübung sind in der Geschichte der verschiedenen Gesellschaften realisiert worden und werden es auch heute noch, obwohl die jetzige Tendenz sich entschieden auf das demokratische System hin orientiert, das der rationalen und sozialen Natur des Menschen und letztlich auch den Anforderungen der sozialen Gerechtigkeit am besten entspricht. Tatsächlich kann man kaum bestreiten, dass man, wenn sich die Gesellschaft aus Menschen zusammensetzt und jeder Mensch ein soziales Wesen ist, jedem eine – wenn auch indirekte – Teilhabe an der Macht zugestehen muss.

Ein Blick auf die polnische Geschichte ermöglicht es, den schrittweisen Übergang von einem zum anderen dieser drei politischen Systeme zu beobachten und auch ihre fortschreitende gegenseitige Durchdringung festzustellen. Wenn der Staat der Piasten einen vor allem monarchischen Charakter besaß, so wurde die Monarchie seit der Zeit der Jagiellonen immer konstitutioneller, und als die Dynastie ausstarb, stützte sich die Regierung, obwohl sie monarchisch blieb, auf eine vom Adel gebildete Oligarchie. Da jedoch der Adelsstand relativ verbreitet war, musste man auf eine Form demokratischer Wahl derer zurückgreifen, welche die Adeligen zu vertreten hatten. Das führte zu einer Art Adelsdemokratie. So existierten also die konstitutionelle Monarchie und die Adelsdemokratie mehrere Jahrhunderte lang gemeinsam in demselben Staat. Wenn das in der Anfangsphase die Stärke des polnisch-litauischruthenischen Staates darstellte, so zeigten sich doch im Laufe der Zeit und mit der Veränderung der Umstände zunehmend die Unausgeglichenheiten und Schwächen dieses Systems, die schließlich zum Verlust der Unabhängigkeit führten.

Als Polen dann wieder frei wurde, konstituierte sich die polnische Republik als demokratischer Staat mit einem Präsidenten und einem aus zwei Kammern bestehenden Parlament. Nach dem Sturz der so genannten Volksrepublik Polen im Jahre 1989 ist die Dritte Republik zu einem System zurückgekehrt, das dem ähnelt, das vor dem Zweiten Weltkrieg in Kraft war. Was die Zeit der Volksrepublik betrifft, so muss gesagt werden, dass die Macht trotz der Bezeichnung »Volksdemokratie« de facto in den Händen der kommunistischen Partei lag (Partei-Oligarchie) und der erste Sekretär dieser Partei zugleich den höchsten politischen Rang des Landes besaß.

Dieser kurze Rückblick auf die Geschichte der verschiedenen Regierungsformen ermöglicht es uns, den auch ethisch-sozialen Wert der demokratischen Voraussetzungen eines Systems zu verstehen. Während in den monarchischen und oligarchischen Systemen (z. B. in der polnischen Adelsdemokratie) ein Teil (meist die große Mehrheit) der Gesellschaft zu einer passiven oder untergeordneten Rolle verurteilt ist, weil eben die Macht in der Hand einer Minderheit liegt, dürfte das in den demokratischen Regimen nicht vorkommen. Kommt es wirklich nicht vor? Gewisse Situationen, die in der Demokratie auftreten, rechtfertigen diese Frage. In jedem Fall befürwortet die katholische Sozialethik grundsätzlich die demokratische Lösung, weil sie, wie gesagt, der rationalen und sozialen Natur des Menschen mehr entspricht. Man ist jedoch weit davon entfernt – und es ist gut, das klarzustellen –, dieses System zu »kanonisieren«. Tatsächlich gilt weiterhin, dass jede der annehmbaren Lösungen – Monarchie, Oligarchie und Demokratie – unter bestimmten Bedingungen der Verwirklichung dessen dienen kann, was der wesentliche Zweck der Macht ist: das »Gemeinwohl«. Unverzichtbare Voraussetzung jeder Lösung ist jedenfalls die Achtung der grundlegenden ethischen Normen. Bereits für Aristoteles ist die Politik nichts anderes als Sozialethik. Das bedeutet, dass es der praktischen Verwirklichung der bürgerlichen Tugenden zu verdanken ist, wenn ein bestimmtes Regierungssystem nicht verkommt. Verschiedene Formen der Entartung der erwähnten Systeme haben bereits in der griechischen Tradition ihre besondere Bezeichnung erhalten. So spricht man im Fall einer Entartung der Monarchie von Tyrannei, und für die pathologischen Formen der Demokratie hat Polybios den Begriff »Ochlokratie«, d. h. Pöbelherrschaft, gebildet.

Nach dem Untergang der Ideologien des 20. Jahrhunderts und speziell nach dem Sturz des Kommunismus haben die verschiedenen Nationen ihre Hoffnung auf die Demokratie gesetzt. Doch gerade in diesem Zusammenhang ist die Frage angebracht: Was sollte eine Demokratie sein? Immer wieder hört man die Behauptung, mit der Demokratie verwirkliche sich der wahre Rechtsstaat. Tatsächlich ist in diesem System das gesellschaftliche Leben durch das Gesetz geregelt, das von den Parlamenten beschlossen wird, welche die legislative Macht ausüben. In diesen Versammlungen werden die Normen erarbeitet, die das Verhalten der Bürger in den verschiedenen Bereichen des Zusammenlebens bestimmen. Jeder Lebenssektor erfordert selbstverständlich eine angemessene

Gesetzgebung, die ihm eine geordnete Entwicklung sichert. Ein Rechtsstaat verwirklicht auf diese Weise das Postulat jeder Demokratie: eine Gesellschaft freier Bürger zu bilden, die zusammen das Gemeinwohl verfolgen.

Nach diesen Ausführungen kann es jedoch von Nutzen sein, noch einmal auf die Geschichte Israels zurückzukommen. Ich sprach bereits von Abraham als dem Menschen, der der Verheißung Gottes Glauben schenkte, der vertrauensvoll sein Wort annahm und so zum Vater vieler Nationen wurde. Unter diesem Gesichtspunkt ist es bezeichnend, dass sich auf Abraham sowohl die Söhne und Töchter Israels als auch die Christen berufen. Und auch die Muslime berufen sich auf ihn. Es muss jedoch sogleich klargestellt werden, dass an der Basis des Staates Israel als organisierter Gesellschaft nicht Abraham steht, sondern Mose. Er war es, der seine Landsleute aus dem Land Ägypten herausführte und während des Weges durch die Wüste zu einem authentischen Urheber eines Rechtsstaates im biblischen Sinn des Wortes wurde. Das ist ein Thema, das es wert ist, hervorgehoben zu werden: Israel als das von Gott erwählte Volk war eine theokratische Gesellschaft, für die Mose nicht nur der charismatische Führer war, sondern auch der Prophet. Seine Aufgabe war es, im Namen Gottes den rechtlich-religiösen Grund zu legen für das Bestehen des Volkes. Der Schlüsselmoment in diesem Werk des Mose war das Ereignis am Fuß des Berges Sinai. Dort wurde der Bundesvertrag zwischen Gott und dem Volk Israel auf der Basis des Gesetzes abgeschlossen, das Gott dem Mose auf dem Berg übergeben hatte. Im Wesentlichen bestand das Gesetz aus dem Dekalog – aus jenen »zehn Worten« bzw. zehn Verhaltensgrundsätzen, ohne die sich keine mensch-

liche Gesellschaft, keine Nation und auch nicht die internationale Gemeinschaft verwirklichen kann. Die Gebote, welche in die beiden steinernen Tafeln eingemeißelt waren, die Mose auf dem Sinai empfing, sind nämlich auch ins Herz des Menschen eingeschrieben. Das lehrt der hl. Paulus im Brief an die Römer: »Die Forderung des Gesetzes ist ihnen ins Herz geschrieben; ihr Gewissen legt Zeugnis davon ab« (vgl. *Röm* 2, 15). Das göttliche Gesetz des Dekalogs hat als natürliches Gesetz bindenden Wert auch für diejenigen, welche die Offenbarung nicht annehmen: nicht töten, keinen Ehebruch begehen, nicht stehlen, nicht falsches Zeugnis geben, Vater und Mutter ehren ... Jedes dieser Worte des Kodex vom Sinai schützt ein fundamentales Gut des menschlichen Lebens und Zusammenlebens. Wenn man dieses Gesetz in Zweifel zieht, wird das menschliche Zusammenleben unmöglich und selbst die moralische Existenz des Menschen wird aufs Spiel gesetzt. Mose, der vom Berg heruntersteigt und die Tafeln mit den Geboten trägt, ist nicht ihr Autor. Er ist vielmehr der Diener und der Wortführer des Gesetzes, das Gott ihm auf dem Sinai gegeben hat. Auf der Grundlage dieses Gesetzes wird er dann einen sehr detaillierten Verhaltenskodex aufstellen, den er im Pentateuch den Söhnen und Töchtern Israels übergeben wird.
Christus hat die Gebote des Dekalogs als Fundament der christlichen Moral bestätigt und darauf hingewiesen, dass ihre Synthese im Gebot der Gottes- und der Nächstenliebe besteht. Im Übrigen ist die allumfassende Bedeutung des Begriffs »Nächster« bekannt, die er im Evangelium vorstellt. Die Liebe, zu der der Christ verpflichtet ist, umfasst alle Menschen, die Feinde einbegriffen. Als ich die Abhand-

lung *Liebe und Verantwortung* schrieb, erschien mir das größte Gebot des Evangeliums als eine personalistische Norm. Gerade weil der Mensch ein personales Wesen ist, kann man nur erfüllen, was ihm gebührt, indem man ihn liebt. Wie die Liebe das höchste Gebot gegenüber dem personalen Gott ist, so kann die fundamentale Pflicht gegenüber der menschlichen Person, die als Abbild Gottes erschaffen ist, nur die Liebe sein.
Genau dieser von Gott stammende Moralkodex – ein Kodex, der im Alten wie im Neuen Bund »sanktioniert« wurde – bildet auch die unantastbare Basis jeder menschlichen Gesetzgebung in jeglichem System und besonders im demokratischen. Das vom Menschen, von den Parlamenten und jeder anderen menschlichen legislativen Instanz aufgestellte Gesetz kann nicht im Widerspruch zum natürlichen Gesetz stehen, d. h. letztlich zum ewigen Gesetz Gottes. Thomas von Aquin gibt die wohlbekannte Definition des Gesetzes: »*Lex est quaedam rationis ordinatio ad bonum commune, ab eo qui curam communitatis habet promulgata* – Das Gesetz ist eine Verordnung der Vernunft, die im Hinblick auf das Gemeinwohl von dem erlassen wird, der die Sorge für die Gemeinschaft trägt.«[36] Insofern es eine »Anordnung der Vernunft« ist, stützt sich das Gesetz auf die Wahrheit des Seins: auf die Wahrheit Gottes, die Wahrheit des Menschen und die Wahrheit der erschaffenen Wirklichkeit in ihrer Gesamtheit. Diese Wahrheit ist die Grundlage des natürlichen Gesetzes. Ihm fügt der Gesetzgeber den Akt der Promulgation hinzu, also den Gesetzeserlass. Das ist es, was auf dem Sinai im Fall des Gesetzes

---

36 *Summa Theologiae*, I–II, q. 90, a. 4

Gottes geschah, und das ist es, was in den Parlamenten im Fall der verschiedenen Formen legislativer Eingriffe geschieht.

An diesem Punkt berühren wir ein Problem, das für die Geschichte Europas im 20. Jahrhundert von wesentlicher Bedeutung ist. Es war ein ordnungsgemäß gewähltes Parlament, das im Deutschland der Dreißigerjahre der Berufung Hitlers an die Macht zustimmte. Und dann war es derselbe Reichstag, der ihm mit dem Ermächtigungsgesetz die Wege ebnete für die Politik der Invasion Europas, für die Organisation der Konzentrationslager und für die Verwirklichung der so genannten »Endlösung der Judenfrage«, d. h. für die Eliminierung von Millionen von Juden in den Vernichtungslagern. Es genügt, uns, die wir der Zeit noch nahe sind, allein diese Ereignisse ins Gedächtnis zu rufen, um zu verdeutlichen, dass dem vom Menschen aufgestellten Gesetz bestimmte Grenzen gesetzt sind, die es nicht übertreten darf. Es sind die Grenzen, die vom natürlichen Gesetz bestimmt werden, durch das Gott selbst die fundamentalen Güter des Menschen schützt. Die hitlerschen Verbrechen hatten ihr Nürnberg, wo die Verantwortlichen Gerichtsverfahren unterworfen und durch die menschliche Justiz bestraft worden sind. In nicht wenigen Fällen ist jedoch diese letzte Erfüllung ausgeblieben, auch wenn immer noch das höchste Gericht des göttlichen Gesetzgebers bleibt. Ein tiefes Geheimnis umgibt die Art und Weise, wie sich in Gott Gerechtigkeit und Barmherzigkeit treffen, wenn er die Menschen und die Geschichte der Menschheit richtet.

Genau aus dieser Perspektive heraus muss man sich – wie ich bereits betonte – zu Beginn eines neuen Jahrhunderts und eines neuen Jahrtausends hinsichtlich einiger gesetzgeberischer Entscheidungen prüfen, die in den Parlamenten der heutigen demokratischen Regime getroffen worden sind. Der unmittelbarste Bezug ist der auf die Abtreibungsgesetze. Wenn ein Parlament den Abbruch der Schwangerschaft autorisiert und damit die Eliminierung eines Ungeborenen erlaubt, begeht es einen schweren Übergriff gegenüber einem unschuldigen menschlichen Wesen, das überdies keinerlei Möglichkeiten der Selbstverteidigung besitzt. Die Parlamente, die solche Gesetze approbieren und erlassen, müssen sich darüber im Klaren sein, dass sie ihre Kompetenzen überschreiten und in offenen Konflikt mit dem Gesetz Gottes und mit dem natürlichen Gesetz treten.

23. RÜCKKEHR NACH EUROPA?

Eine sehr aktuelle Frage ist die nach der Beziehung Polens zum neuen Europa. Man kann sich fragen, welche Traditionen es an das heutige Westeuropa binden. Können sich aus seiner jüngsten Eingliederung in die europäischen Organisationen Probleme ergeben? Wie sehen Sie die Stellung und die Rolle Polens in Europa?

Nach dem Sturz des Kommunismus sind in Polen verschiedene Stimmen laut geworden, welche die These von einer nötigen Wiedereingliederung der Nation in Europa unterstützen. Es gab sicher gute Gründe, die für eine solche Sicht des Problems sprachen. Zweifellos hatte uns das vom Osten aufgezwungene totalitäre System von Europa getrennt. Der sprichwörtliche »Eiserne Vorhang« war das aussagekräftige Symbol dafür. Unter anderen Gesichtspunkten erschien jedoch die These von der »Rückkehr nach Europa«, auch in Beziehung zur letzten Epoche unserer Geschichte, nicht ganz korrekt. Obwohl die Polen politisch vom übrigen Kontinent getrennt waren, hatten sie nämlich in jenen Jahren keine Mühe gescheut, einen eigenen Beitrag zur Bildung des neuen Europa zu leisten. Wie könnte man in diesem Zusammenhang den heroischen Kampf von 1939 gegen den nazistischen Aggressor vergessen und dann den Aufstand von 1944, mit dem Warschau gegen den Schrecken der Besatzung aufbegehrte? Bezeichnend war später die Entwicklung von »Solidarność«, die zum Sturz des totalitären Systems im Osten führte – nicht allein in Polen, sondern auch in den angrenzenden Ländern. Darum ist es schwierig, die These, nach der Polen »nach Europa zurückkehren musste«, ohne klärende Zusätze anzunehmen. Die Nation war nämlich bereits in Europa, da sie aktiv an seiner Gestaltung teilgenommen hatte. Ich habe darüber bei verschiedenen Anlässen gesprochen und in gewissem Sinne protestiert gegen das Unrecht, das der polnischen Nation und den Polen mit der Fehlinterpretation der These von der »Rückkehr« nach Europa angetan wird.

Gerade dieser Protest drängt mich, die polnische Geschichte noch einmal durchzugehen, um mich zu fragen, welches eigentlich der Beitrag der Nation zur Bildung des so genannten »europäischen Geistes« war. Es ist ein Beitrag, der Jahrhunderte weit zurückreicht bis zur »Taufe Polens« und besonders zum Kongress von Gnesen im Jahr 1000. Da die ersten Herrscher des piastischen Polen die Taufe durch das angrenzende Böhmen empfingen, widmeten sie sich der Aufgabe, an jenem Punkt Europas eine staatliche Struktur zu bilden, die sich dann als fähig erwies, trotz ihrer historischen Schwächen zu überleben und sogar gleichsam ein Bollwerk gegen die unterschiedlichen Anstürme von außen zu werden.

Wir Polen haben also teilgenommen an der Gestaltung Europas: Wir haben zur Entwicklung der Geschichte des Kontinents beigetragen, indem wir ihn sogar mit Waffengewalt verteidigten. Man denke z. B. nur an die Schlacht bei Liegnitz (1241), als Polen die Mongolen-Invasion nach Europa aufhielt.[37]

---

[37] Dieser Einsatz hatte allerdings einen hohen Preis: Der Marktflecken Liegnitz wurde in der »Schlacht auf der Wahlstatt« durch die Mongolen völlig zerstört. Deshalb spricht die deutsche Geschichtsschreibung von der »Niederlage auf der Wahlstatt bei Liegnitz«. Nach dieser Schlacht zogen sich die Mongolen jedoch zurück. (Anm. d. Red.)

Und was soll man noch zu der ganzen Frage des Deutschen Ordens sagen, die im Konzil von Konstanz (1414–1418) einen Widerhall fand?[38] Doch die Verdienste Polens liegen nicht nur auf militärischem Gebiet. Auch auf kultureller Ebene hat Polen seinen spezifischen Beitrag zur Gestaltung Europas geleistet. In diesem Bereich werden oft die Verdienste der Schule von Salamanca und besonders des spanischen Dominikaners Francisco de Vitoria (1492–1546) bei der Ausarbeitung des internationalen Rechts betont. Das ist gerechtfertigt. Doch man darf nicht vergessen, dass bereits vorher der Pole Paweł Włodkowic (1370–1435) dieselben Prinzipien zum Fundament eines geordneten Zusammenlebens zwischen den Völkern erklärt hatte. Nicht mit dem Schwert, sondern mit der Überzeugungskraft bekehren – »*Plus ratio quam vis*« – ist die goldene Regel der Jagiellonischen Universität, die so viele Verdienste um die Förderung der europäischen Kultur aufzuweisen hat. An dieser Universität entfalteten herausragende Forscher wie z. B. Mateusz von Krakau (1330–1410) und Nikolaus Kopernikus (1473–1543) ihre Aktivität. Und noch ein weiteres Faktum verdient es, hervorgehoben zu werden: In der Zeit, in der Westeuropa in den Religionskriegen infolge der Reformation versank – Kriege, denen man irrtümlicher-

---

38 Im Schatten der Auseinandersetzungen zwischen Polen und dem Deutschen Orden schrieb Johannes Falkenburg, der seit 1415 auf dem Konstanzer Konzil war, im Auftrag des Deutschen Ordens eine Erwiderung auf Paulus Vladimiri, der die Existenzberechtigung des Deutschen Ordens bestritten hatte. Seine 1412 verfasste, erst 1416 bekannt gewordene *Satira*, eine äußerst polemische antipolnische Schrift mit geradezu maßlosen Angriffen auf den polnischen König (z. B. dem wiederholten Vorwurf, dieser habe mit heidnischer Hilfe den Deutschen Orden bekämpft; daher seien er und alle Polen als Häretiker zu vernichten), wurde vom Konzil als häresieverdächtig verworfen. (Anm. d. Red.)

weise Abhilfe zu schaffen suchte, indem man das Prinzip *Cuius regio eius religio* als die einzig mögliche Lösung annahm –, bestätigte der Letzte der Jagiellonen, Zygmunt II. August, feierlich: »Ich bin nicht Herrscher über eure Gewissen.« Und tatsächlich gab es in Polen keine Religionskriege. Es bestand vielmehr die Tendenz zu Bündnissen und Zusammenschlüssen: Auf der einen Seite, in der Politik, ist die Vereinigung mit Litauen zu nennen und auf der anderen, im kirchlichen Leben, die Union von Brest, die gegen Ende des 16. Jahrhunderts zwischen der katholischen Kirche und den Christen des östlichen Ritus geschlossen wurde. Obwohl man von alldem im Westen sehr wenig weiß, kommt man nicht umhin, den wesentlichen Beitrag anzuerkennen, der auf diese Weise zur Bildung des christlichen Geistes Europas geleistet wurde. Genau diese Tatsachen sind der Grund, warum das 16. Jahrhundert zu Recht als das »goldene Zeitalter« Polens bezeichnet wird.

Das 17. Jahrhundert lässt dagegen, besonders in seiner zweiten Hälfte, sowohl im innen- und außenpolitischen Bereich als auch auf religiösem Gebiet das Erscheinen einiger Krisenzeichen erkennen. Unter diesem Gesichtspunkt hat die Verteidigung von Jasna Góra[39] im Jahr 1655 nicht allein die Merkmale eines

---

39 Jasna Góra (lateinisch *Clarus mons*) wird als »Heiligtum der Nation« betrachtet, weil die dort verehrte Ikone der Schwarzen Madonna für die Polen in den dunklen Zeiten der Kriege und Besatzungen immer ein Lichtblick war. Seit dem 15. Jahrhundert, besonders nach der Verschonung des Klosters vor den Hussiten, entwickelte sich Jasna Góra zum beliebtesten Wallfahrtsort Polens. 1655 bewährte sich die inzwischen ausgebaute Klosteranlage gegen die Schwedeninvasion, die unter der Bezeichnung »Sintflut« in die Geschichte einging. Bei dieser Gelegenheit wurde das Heiligtum zu einer Festung, die der gefürchtete Invasor nicht einzunehmen vermochte. Die Nation interpretierte dieses Ereignis als

geschichtlichen Wunders, sondern kann auch als eine Warnung für die Zukunft interpretiert werden, und zwar in dem Sinne eines Hinweises, sich in Acht zu nehmen sowohl vor der Gefahr aus dem Westen, der von dem Prinzip des *Cuius regio eius religio* geleitet wurde, als auch vor der aus dem Osten, wo sich die Allmacht des Zaren immer mehr festigte. Im Licht dieser Fakten könnte man sagen, dass, wenn die Polen Europa und dem europäischen Geist gegenüber eine Schuld tragen, diese darin besteht, dass sie das großartige Erbe des 15. und 16. Jahrhunderts haben zugrunde gehen lassen.

Das 18. Jahrhundert war ein Jahrhundert tiefen Niedergangs. Die Polen ließen zu, dass das Erbe der Jagiellonen sowie das Stefans IV. Báthory und Jans III. Sobieski zerstört wurde. Es ist nicht zu vergessen, dass noch gegen Ende des 17. Jahrhunderts gerade Jan III. Sobieski derjenige war, der Europa in der Schlacht von Wien (1683) vor der osmanischen Gefahr rettete. Durch seinen Sieg wurde diese Gefahr für lange Zeit von Europa fern gehalten. In gewisser Weise wiederholte sich in Wien, was im 13. Jahrhundert anlässlich der Schlacht von Liegnitz geschehen war.[40] Die Schuld, welche die Polen im 18. Jahrhundert auf sich luden, ist die, jenes Erbe nicht zu hüten, dessen letzter Verteidiger der Sieger von Wien gewesen war. Es ist bekannt, dass die Übergabe der Nation an die sächsische Dynastie unter äußerem Druck – besonders durch Russland – geschah, das die Zer-

---

Siegesverheißung in den wiederholten negativen Wechselfällen ihrer Geschichte. (Anm. d. Red.; vgl. auch Johannes Paul II., *Auf, lasst uns gehen!*, Augsburg 2004, S. 59ff)

40 Diesmal handelte es sich jedoch um einen eindeutigen Sieg, der die Kraft der osmanischen Armee erschöpfte und entscheidend zum Niedergang der osmanischen Macht beitrug. (Anm. d. Red.)

störung nicht nur der polnischen Republik, sondern auch der Werte anstrebte, deren Ausdruck sie war. Im Laufe des 18. Jahrhunderts waren die Polen nicht imstande, diesen Prozess der Auflösung zu bremsen, noch sich vor dem zerstörerischen Einfluss des *Liberum veto*[41] zu schützen. Die Adeligen verstanden es nicht, dem dritten Stand und vor allem den großen Scharen von Bauern ihre legitimen Rechte zurückzugeben, indem sie sie von der Leibeigenschaft befreiten und zu mitverantwortlichen Bürgern der Republik machten. Das ist eine echte Schuld der Adelsgesellschaft, und besonders eines Großteils der Aristokratie, der Würdenträger des Staates und leider auch einiger kirchlicher Würdenträger.

In dieser großen Gewissenserforschung im Hinblick auf unseren Beitrag zu Europa muss also in besonderer Weise auf die Geschichte des 18. Jahrhunderts eingegangen werden. Das gestattet uns einerseits, uns bewusst zu werden, wie umfassend die Bilanz der Schuld und der Nachlässigkeiten ist, drängt uns andererseits aber auch, all das zur Kenntnis zu nehmen, was im 18. Jahrhundert bereits der Beginn der Erneuerung war. Wie könnte man z. B. die Nationale Erziehungskommission, die ersten Versuche bewaffneten Widerstands gegen die Invasoren und vor allem das große Werk des »Vierjährigen Reichstags«[42] außer Acht lassen? Die Last der Schuld und der Nachlässigkeiten wog jedoch schwerer und riss Po-

---

41 Das in der extrem adelsrepublikanischen Staatsform seit 1652 respektierte Recht jedes Landsboten, mit seinem Einspruch *(Liberum veto)* das Parlament *(Sejm)* beschlussunfähig zu machen, erleichterte den an der Schwächung Polens interessierten Nachbarmächten die Intervention. Nach wiederholten vergeblichen Versuchen wurde dieses Gesetz schließlich durch die Verfassung vom 3. Mai 1791 aufgehoben. (Anm. d. Red.)
42 Vgl. Anm. 24

len zu Boden. Doch auch im Fallen nahm es gleichsam als Testament all das mit, was danach der Keim der Wiederherstellung seiner Unabhängigkeit und der Beitrag zum späteren Aufbau Europas werden sollte. Dieses letzte Kapitel sollte sich allerdings erst mit dem Zusammenbruch der Systeme des 19. Jahrhunderts und der so genannten Heiligen Allianz erschließen.

Mit der Wiedererlangung der Unabhängigkeit im Jahre 1918 konnte Polen erneut aktiv an der Gestaltung Europas teilnehmen. Dank einiger herausragender Politiker und ausgezeichneter Wirtschaftssachverständiger war es möglich, in kurzer Zeit bedeutende Ergebnisse zu erzielen. Ehrlich gesagt, blickte man im Westen, und besonders in Großbritannien, mit Misstrauen auf Polen. Die Nation erwies sich jedoch von Jahr zu Jahr mehr als ein vertrauenswürdiger Partner des Nachkriegseuropa. Und auch als ein mutiger Partner, wie 1939 deutlich wurde: Während die westlichen Demokratien sich der Illusion hingaben, durch Verhandlungen mit Hitler etwas erreichen zu können, entschied sich Polen trotz seiner eindeutigen militärischen und technischen Unterlegenheit, den Krieg zu akzeptieren. Die polnischen Autoritäten entschieden, dass das zur Verteidigung Europas und des europäischen Geistes in jenem Moment unvermeidbar war.

Als ich mich am Abend des 16. Oktober 1978 auf der Loggia der Basilika von Sankt Peter zeigte, um die Römer und die Pilger zu begrüßen, die in Erwartung des Ausgangs des Konklaves auf dem Platz versammelt waren, sagte ich, dass ich »aus einem fernen Land« komme. Im Grunde war die geographische Distanz gar nicht so groß. Die Flugzeuge überwinden sie in knapp zwei Flugstunden. Als ich von

»Ferne« sprach, wollte ich damit auf den damals noch existierenden Eisernen Vorhang anspielen. Der Papst, der aus einem Land hinter dem Eisernen Vorhang kam, er kam in einem sehr tiefen Sinn aus der Ferne, auch wenn er in Wirklichkeit aus dem Herzen Europas selbst kam. Das geographische Zentrum des Kontinents befindet sich nämlich auf polnischem Territorium.
Während der Jahre des Eisernen Vorhangs hatte man Mitteleuropa fast vergessen. Die Teilung in West und Ost wurde ziemlich mechanisch vorgenommen, indem man Berlin, die Hauptstadt Deutschlands, als Symbolstadt ansah, deren einer Teil zur deutschen Bundesrepublik und der andere zur DDR gehörte. In Wirklichkeit war diese Teilung völlig künstlich. Sie diente politischen und militärischen Zwecken. Ohne jede Rücksicht auf die Geschichte der Völker setzte sie die Grenzen der beiden Blöcke fest. Für die Polen war es unannehmbar, als Volk des Ostens bezeichnet zu werden, auch in Anbetracht der Tatsache, dass die Grenzen der Nation gerade in diesen Jahren nach Westen verschoben worden waren. Ich vermute, dass es für die Tschechen, die Slowaken, die Ungarn wie auch für die Litauer, die Letten und die Esten ähnlich schwierig war, eine solche Bezeichnung anzunehmen.
Unter diesem Gesichtspunkt konnte die Berufung eines Papstes aus Polen, aus Krakau, den Wert eines aussagekräftigen Symbols besitzen. Es war nicht die Berufung eines einzelnen Mannes allein, sondern der gesamten Kirche, der er von Geburt an verbunden war; indirekt war es auch die Berufung der Nation, der er angehörte. Mir scheint, dass Kardinal Stefan Wyszyński diesen Aspekt des Ereignisses in besonders tiefgründiger Weise gesehen und ausge-

drückt hat. Persönlich war ich immer überzeugt, dass die Wahl eines polnischen Papstes ihre Erklärung auch darin findet, was der Primas des Jahrtausends[43] und mit ihm das polnische Episkopat und die polnische Kirche trotz der bedrückenden Beschränkungen und Verfolgungen, denen sie in jenen schweren Jahren ausgesetzt waren, hatten vollbringen können. Als Christus einst die Apostel bis zu den Enden der Erde aussandte, sagte er zu ihnen: »Ihr werdet meine Zeugen sein« (*Apg* 1, 8). Alle Christen sind berufen, Zeugen Christi zu sein, und ganz speziell die Hirten der Kirche. Mit der Wahl eines Kardinals aus Polen auf den römischen Bischofsstuhl traf das Konklave eine gewichtige Entscheidung: Es war, als wolle es um das Zeugnis der Kirche bitten, aus welcher dieser Kardinal kam – und als erbitte es dies zum Wohl der Weltkirche. Jedenfalls hatte diese Wahl ihre besondere Bedeutung für Europa und für die Welt. Seit fast fünf Jahrhunderten war es nämlich Tradition gewesen, dass die Verantwortung für den Sitz Petri ein italienischer Kardinal übernahm. So musste die Wahl eines Polen als eine Wende erscheinen. Es war der Beweis, dass das Konklave die Anweisungen des Konzils befolgt und versucht hatte, die »Zeichen der Zeit« zu verstehen und in ihrem Licht seine Entscheidungen reifen zu lassen.

In diesem Zusammenhang könnte man auch nützliche Überlegungen anstellen über den Beitrag, den das östliche Mitteleuropa heute zur Bildung eines vereinten Europa leisten kann. Ich habe darüber bei verschiedenen Anlässen gesprochen. Der bedeutendste Beitrag, den die Nationen dieses Raumes bie-

---

43 Gemeint ist Kardinal Wyszyński, der zur Zeit des tausendjährigen Jubiläums der Taufe Polens Primas von Polen war. (Anm. d. Red.)

ten können, ist meiner Ansicht nach der einer Verteidigung der eigenen Identität. Die Nationen des östlichen Mitteleuropa haben trotz aller von der kommunistischen Diktatur aufgezwungenen Veränderungen ihre Identität bewahrt und sie sogar gefestigt. Für sie war nämlich der Kampf um die Wahrung der nationalen Identität ein Kampf ums Überleben. Heute sind die beiden Teile Europas – der westliche und der östliche – dabei, einander wieder näher zu kommen. Das Phänomen, das in sich äußerst positiv ist, ist jedoch nicht frei von Gefahren. Die Hauptgefahr, der Osteuropa ausgesetzt ist, scheint mir in einer Trübung der eigenen Identität zu liegen. In der Zeit der Selbstverteidigung gegen den marxistischen Totalitarismus hat dieser Teil Europas eine Entwicklung geistiger Reifung durchgemacht, dank der einige für das menschliche Leben wesentliche Werte dort nicht so an Bedeutung verloren haben wie im Westen. Dort ist z. B. die Überzeugung, dass Gott der höchste Garant für die Würde des Menschen und seine Rechte ist, noch lebendig. Worin besteht also die Gefahr? Sie besteht in einem unkritischen Nachgeben gegenüber dem Einfluss der im Westen verbreiteten negativen kulturellen Modelle. Für das östliche Mitteleuropa, dem solche Tendenzen als eine Art »kultureller Fortschritt« erscheinen können, ist das heute eine der ernstesten Herausforderungen. Ich denke, dass sich gerade unter diesem Gesichtspunkt zurzeit eine große geistige Konfrontation abspielt, von deren Ausgang das Gesicht des Europas abhängen wird, das sich am Beginn dieses Jahrtausends bildet.

Im Jahre 1994 wurde in Castel Gandolfo ein Symposium über das Thema der Identität der europäischen Gesellschaften *(Identity in Change)* abgehalten. Die zentrale Frage, von der aus sich die Überlegungen entwickelten, betraf die Veränderungen, welche die Ereignisse des 20. Jahrhunderts in der Art der Auffassung der europäischen und der eigenen nationalen Identität im Kontext der modernen Zivilisation herbeigeführt hatten. Zu Beginn des Symposiums sprach Paul Ricœur über Erinnerung und Vergessen als zwei wichtige, in gewisser Weise einander entgegengesetzte Kräfte, die in der Geschichte der Menschheit und in den menschlichen Gesellschaften wirken. Die Erinnerung ist die Fähigkeit, welche die Identität der Menschen sowohl auf persönlicher als auch auf kollektiver Ebene formt. Durch sie geschieht es nämlich, dass sich in der Psyche des Menschen die Wahrnehmung der eigenen Identität herausbildet und bestimmt wird. Unter den vielen interessanten Dingen, die ich bei dieser Gelegenheit hörte, beeindruckte mich das ganz besonders. Christus kannte dieses Gesetz der Erinnerung, und im Schlüsselmoment seiner Sendung berief er sich darauf. Als er beim Letzten Abendmahl die Eucharistie einsetzte, sagte er: »Tut dies zu meinem Gedächtnis« *(Hoc facite in meam commemorationem: Lk 22, 19)*. Das Gedächtnis ruft Erinnerungen herauf. Die Kirche ist also in gewissem Sinne die »lebendige Erinnerung« Christi: seines Mysteriums, seiner Passion, seines Todes und seiner Auferstehung und seines Leibes und Blutes. Und diese »Erinnerung« vollzieht sich durch die Eucharistie. Daraus folgt, dass die Christen, indem sie die Eucharistie feiern, d. h. das »Gedächtnis« ihres Meisters begehen, fortwährend ihre eigene Identität entdecken. Die Eucharistie verdeutlicht etwas Tieferes und zugleich Umfassenderes – sie verdeutlicht die Vergöttlichung des Menschen und die neue Schöpfung in Christus. Sie drückt die Erlösung der Welt aus. Diese so tiefe und so umfassende Erinnerung an die Erlösung und an die Vergöttlichung des Menschen ist zugleich die Quelle vieler anderer Dimensionen der Erinnerung sowohl auf persönlicher als auch auf gemeinschaftlicher Ebene. Sie ermöglicht dem Menschen, sich selbst in seinen tiefsten Wurzeln und zugleich in der endgültigen Aussicht seines Menschseins zu verstehen. Sie ermöglicht ihm auch, die verschiedenen Gemeinschaften zu verstehen, in denen sich seine Geschichte gestaltet: die Familie, die Sippe und die Nation. Und schließlich ermöglicht sie ihm, die Geschichte der Sprache und der Kultur zu verstehen, die Geschichte all dessen, was wahr, gut und schön ist.

24. DIE MÜTTERLICHE ERINNERUNG DER KIRCHE

In den letzten Jahrzehnten ist es in verschiedenen Teilen der Welt zu enormen Veränderungen gekommen, und es wird viel über die Notwendigkeit einer Anpassung der Kirche an die neue kulturelle Gegebenheit gesprochen. So stellt sich also auch die dringende Frage nach der Identität der Kirche. Wie würden Sie die Elemente dieser Identität definieren?

Um diese Frage zu beantworten, ist es angebracht, noch eine weitere Dimension derselben Frage ins Bewusstsein zu rufen. Im Zuge seiner Beschreibung der Kindheit Jesu merkt Lukas an: »Seine Mutter bewahrte alles, was geschehen war, in ihrem Herzen« (*Lk* 2, 51). Es handelt sich um die Erinnerung an die Worte und mehr noch an die Ereignisse, welche die Inkarnation des Sohnes Gottes betreffen. Maria bewahrte die Erinnerung an das Mysterium der Verkündigung in ihrem Herzen, denn das war der Augenblick der Empfängnis gewesen, in dem das ewige WORT in ihrem Schoß Fleisch angenommen hatte (vgl. *Joh* 1, 14). Sie bewahrte die Erinnerung an die Monate, in denen dieses WORT in ihrem Schoß verborgen gewesen war. Dann war der Moment der Geburt des Herrn gekommen mit allem, was dieses Ereignis begleitet hatte. Maria erinnerte sich, wie Jesus in Bethlehem geboren worden war: Da in der Herberge kein Platz für sie war, musste er in einem Stall zur Welt kommen (vgl. *Lk* 2, 7). Seine Geburt hatte sich jedoch in einer überirdischen Atmosphäre zugetragen: Von den nahe gelegenen Feldern waren die Hirten gekommen, um dem Kind die Ehre zu erweisen (vgl. *Lk* 2, 15–17); später waren auch die Sterndeuter aus dem Osten nach Bethlehem gekommen (vgl. *Mt* 2, 1–12); dann hatte Maria zusammen mit Josef nach Ägypten fliehen müssen, um ihren Sohn vor der Grausamkeit des Herodes zu retten (vgl. *Mt* 2, 13–15). All das wurde treulich gehütet in Marias Gedächtnis, und wie man zu Recht folgert, gab sie es an Lukas weiter, der ihr besonders nahe stand. Gleichermaßen weihte sie auch Johannes ein, dem Jesus sie in der Stunde seines Todes anvertraut hatte.

Es ist wahr, dass Johannes alle Ereignisse der Kindheit in dem einen Satz zusammenfasst: »Und das WORT ist Fleisch geworden und hat unter uns gewohnt« (*Joh* 1, 14), und diese einzige Aussage in den Rahmen des großartigen Prologs zu seinem Evangelium stellt. Aber es ist auch wahr, dass wir nur bei Johannes die Beschreibung des ersten Wunders Jesu finden, das er auf Bitten seiner Mutter vollbringt (vgl. *Joh* 2, 1–11). Und noch einmal ist es Johannes, er allein, der uns die Worte überliefert, mit denen Jesus in der Stunde seines Todeskampfes gerade ihm seine Mutter anvertraut (vgl. *Joh* 19, 26–27). Alle diese Erlebnisse bewahrte Maria natürlich unauslöschlich eingemeißelt in ihrem Gedächtnis. »Seine Mutter bewahrte alles, was geschehen war, in ihrem Herzen« (*Lk* 2, 51).

Die Erinnerung Marias ist eine Quelle von einzigartiger Bedeutung, um Christus zu kennen, eine unvergleichliche Quelle. Maria ist nicht nur Zeugin des Mysteriums der Inkarnation, zu dessen Verwirklichung sie ihre bewusste Mitwirkung beisteuerte; sie hat auch die fortschreitende Offenbarung des Sohnes, der an ihrer Seite heranwuchs, Schritt für Schritt verfolgt. Die Ereignisse sind aus den Evangelien bekannt. Der zwölfjährige Jesus lässt Maria seine besondere Sendung erahnen, die er vom Vater erhalten hat (vgl. *Lk* 2, 49). Als er später Nazaret verlässt, bleibt seine Mutter stets irgendwie mit ihm verbunden. Das geht aus dem Wunder zu Kana in Galiläa hervor (vgl. *Joh* 2, 1–11) und aus anderen Episoden (vgl. *Mk* 2, 31–35; *Mt* 12, 46–50; *Lk* 8, 19–21). Im Besonderen sollte Maria Zeugin des Mysteriums der Passion und ihrer Vollendung auf dem Kalvarienberg werden (vgl. *Joh* 19, 25–27). Auch wenn es in den biblischen Texten nicht erwähnt wird, ist es denkbar, dass sie die Erste war, der der Auferstandene erschien. In jedem Fall ist sie anwesend bei seiner Aufnahme in den Himmel, befindet sich mit den Aposteln im Abendmahlssaal in Erwartung der Herabkunft des Heiligen Geistes und ist Zeugin der »Geburt« der Kirche am Pfingsttag.

Diese mütterliche Erinnerung Marias ist besonders bedeutsam für die göttlich-menschliche Identität der Kirche. Man kann sagen, dass aus dieser Erinnerung die Erinnerung des neuen Gottesvolkes selbst gespeist wurde, wenn sie in der Feier der Eucharistie Erlebnisse und Lehren Christi nachlebte, die sie auch aus dem Munde Marias erfahren hatte. Im Übrigen ist auch die Erinnerung der Kirche eine mütterliche Erinnerung, denn sie selbst ist Mutter, eine Mutter, die sich erinnert. In großem Ausmaß hütet die Kirche das, was in der Erinnerung Marias gegenwärtig war.

Die Erinnerung der Kirche wächst mit dem Wachsen der Kirche, das sich vor allem durch das Zeugnis der Apostel und das Leiden der Märtyrer vollzieht. Es ist eine Erinnerung, die sich von der Apostelgeschichte an schrittweise in der Geschichte offenbart, jedoch nicht völlig mit der Geschichte identisch ist. Es ist etwas Spezifisches. Der Terminus technicus dafür ist »Tradition«. Dieses Wort bezieht sich auf die aktive Funktion des Erinnerns durch das Überliefern. Was ist denn die Tradition anderes als die von der Kirche übernommene Aufgabe, das Mysterium Christi und die Gesamtheit seiner Lehre, die sie in ihrer Erinnerung bewahrt, überliefernd weiterzugeben (lateinisch: *tradere*)? Es ist eine Aufgabe, in der die Kirche fortwährend durch den Heiligen Geist unterstützt wird. In der Stunde des Abschieds sprach Christus zu den Aposteln über den Heiligen Geist und sagte: »Er wird euch alles lehren und euch an alles erinnern, was ich euch gesagt habe« (*Joh* 14, 26). Wenn die Kirche also die Eucharistie feiert, die das »Gedenken« des Herrn ist, tut sie das mit Unterstützung des Heiligen Geistes, der Tag für Tag ihre Erinnerung weckt und orientiert. Diesem so wunderbaren wie geheimnisvollen Wirken des Geistes verdankt die Kirche von Generation zu Generation ihre wesentliche Identität. Und das seit inzwischen 2000 Jahren.

Die Erinnerung an diese fundamentale Identität, mit der Christus seine Kirche ausgestattet hat, erweist sich als stärker als alle von den Menschen in dieses Erbe eingebrachten Spaltungen. Am Beginn des dritten Jahrtausends sind sich die Christen, obwohl sie untereinander gespalten sind, bewusst, dass zum tiefsten Wesen der Kirche die Einheit und nicht die Spaltung gehört. Und sie sind sich dessen vor allem aufgrund der Einsetzungsworte der Eucharistie bewusst: »Tut dies zu meinem Gedächtnis!« (*Lk* 22, 19). Das sind eindeutige Worte; Worte, die weder Trennungen noch Abspaltungen zulassen.

Diese Einheit der Erinnerung, welche die Kirche im Laufe der Geschichte durch die Generationen begleitet, findet ihren besonderen Ausdruck in der Erinnerung Marias. Das geschieht auch, weil Maria eine Frau ist. Genau betrachtet, gehört die Erinnerung mehr zum Geheimnis der Frau als zu dem des Mannes. So ist es in der Geschichte der Familien, in der Geschichte der Sippen und der Nationen, und so ist es auch in der Geschichte der Kirche. Viele Elemente erklären die Marienverehrung in der Kirche und die Tatsache, dass es in aller Welt so viele Marienwallfahrtsorte gibt. Das Zweite Vatikanische Konzil hat dazu Folgendes gesagt: Maria ist »der Typus der Kirche unter der Rücksicht des Glaubens, der Liebe und der vollkommenen Einheit mit Christus. Im Geheimnis der Kirche, die ja auch selbst mit Recht Jungfrau und Mutter genannt wird, ist die selige Jungfrau Maria vorangegangen, da sie in hervorragender und einzigartiger Weise das Urbild sowohl der Jungfrau wie der Mutter darstellt.«[44] Maria ist vorangegangen, weil sie die treueste Erinnerung, oder besser: weil ihre Erinnerung der treueste Widerschein des Geheimnisses Gottes ist, das in ihr der Kirche und durch die Kirche der Menschheit vermittelt wird.

Es handelt sich nicht allein um das Geheimnis Christi. In ihm offenbart sich das Geheimnis des Menschen von Anfang an. Möglicherweise gibt es keinen anderen so einfachen und zugleich so vollständigen Text über den Ursprung des Menschen wie den, welchen wir in den ersten drei Kapiteln des Buches Genesis finden. Darin ist nicht allein die Erschaffung des Menschen als Mann und Frau beschrieben (vgl.

---

[44] *Lumen gentium*, Nr. 63

Gen 1, 27), sondern es wird auch sehr deutlich die Frage seiner besonderen Berufung innerhalb des Kosmos gestellt. Außerdem lassen sich in gedrängter und doch transparenter Weise sowohl die Wahrheit über den ursprünglichen Zustand des Menschen in seiner Unschuld und seinem Glück erahnen als auch die sehr unterschiedliche Szenerie der Sünde und ihrer Folgen – das, was die scholastische Theologie als den *status naturae lapsae* bezeichnet – sowie bereits die unverzügliche göttliche Initiative im Hinblick auf die Erlösung (vgl. *Gen* 3, 15).
Die Kirche bewahrt in sich die Erinnerung der Geschichte des Menschen von Anfang an: die Erinnerung an seine Erschaffung, an seine Berufung, an seine Erhöhung und an seinen Fall. In diesen wesentlichen Rahmen ist die ganze Geschichte des Menschen, die zugleich Geschichte der Erlösung ist, eingefasst. Die Kirche ist Mutter, die – ähnlich wie Maria – die Geschichte ihrer Kinder in ihrem Herzen bewahrt und sich all ihre wesensmäßigen Probleme zu Eigen macht.
Diese Wahrheit fand im Großen Jubiläum des Jahres 2000 einen deutlichen Widerhall. Die Kirche hat es als das Jubiläum der Geburt Jesu Christi erlebt, zugleich aber auch als Jubiläum der Anfänge des Menschen, seines Erscheinens im Kosmos, seiner Erhöhung und seiner Berufung. Die pastorale Konstitution *Gaudium et spes* hat mit Recht gesagt, dass sich das Geheimnis des Menschen nur in Christus vollkommen offenbart: »Tatsächlich klärt sich nur im Geheimnis des fleischgewordenen WORTES das Geheimnis des Menschen wahrhaft auf. Denn Adam, der erste Mensch, war das Vorausbild des zukünftigen, nämlich Christi, des Herrn. Christus, der neue Adam, macht eben in der Offenbarung des Geheim-

nisses des Vaters und seiner Liebe dem Menschen den Menschen selbst voll kund und erschließt ihm seine höchste Berufung.«[45] In diesem Zusammenhang hatte der hl. Paulus sich so ausgedrückt: »Adam, der erste Mensch, wurde ein irdisches Lebewesen. Der letzte Adam wurde lebendigmachender Geist. Aber zuerst kommt nicht das Überirdische: zuerst kommt das Irdische, dann das Überirdische. Der erste Mensch stammt von der Erde und ist Erde; der zweite Mensch stammt vom Himmel. Wie der von der Erde irdisch war, so sind es auch seine Nachfahren. Und wie der vom Himmel himmlisch ist, so sind es auch seine Nachfahren. Wie wir nach dem Bild des Irdischen gestaltet wurden, so werden wir auch nach dem Bild des Himmlischen gestaltet werden« (*1 Kor* 15, 45–49).

Das war die wesentliche Bedeutung des Großen Jubiläums. Der 2000. Jahrestag war ein wichtiges Ereignis – nicht nur für das Christentum, sondern für die gesamte Menschheitsfamilie. Die Frage nach dem Menschen, die sie sich ständig stellt, findet ihre vollständige Antwort in Jesus Christus. Man kann sagen, dass das Große Jubiläum des Jahres 2000 gleichzeitig das Jubiläum der Geburt Christi und das Jubiläum der Antwort auf die Frage nach der Bedeutung und dem Sinn des Menschseins war. Und das verbindet sich mit der Dimension der Erinnerung. Die Erinnerung Marias und die der Kirche dienen an der Schwelle zwischen den Jahrtausenden wieder einmal dazu, den Menschen seine eigene Identität wieder finden zu lassen.

---

45 *Gaudium et spes*, Nr. 22

25. DIE VERTIKALE DIMENSION DER GESCHICHTE EUROPAS

Damit sind wir zu der entscheidenden Frage über den Menschen und sein Schicksal gelangt: Wie kann man den tiefsten Sinn der Geschichte ergründen? Ist eine Interpretation, die in der Fragestellung darüber innerhalb der Grenzen von Raum und Zeit stehen bleibt, ausreichend?

Die Geschichte des Menschen entwickelt sich selbstverständlich in horizontaler Dimension in Raum und Zeit. Sie ist jedoch gleichzeitig durchdrungen von einer vertikalen Dimension. Es sind nämlich nicht die Menschen allein, welche die Geschichte schreiben. Zusammen mit ihnen schreibt auch Gott. Von dieser Dimension der Geschichte, die wir als die transzendente bezeichnen könnten, hat sich die Aufklärung entschieden distanziert. Die Kirche kommt dagegen kontinuierlich auf sie zurück – ein deutliches Zeugnis dafür war auch das Zweite Vatikanische Konzil.
Auf welche Weise schreibt Gott die Geschichte der Menschen? Die Antwort wird uns von der Bibel angeboten, angefangen von den ersten Kapiteln des Buches Genesis bis zu den letzten Seiten der Offenbarung des Johannes. Bereits zu Beginn der Geschichte des Menschen offenbart sich Gott als der Gott der Verheißung. Ein solcher Gott ist der Gott Abrahams, des großen Patriarchen, von dem der hl. Paulus sagt, er habe »gegen alle Hoffnung voll Hoffnung geglaubt« (vgl. *Röm* 4, 18). Ohne zu zweifeln nahm er

die Verheißung Gottes an, er werde der Vater eines großen Volkes werden. Allem Anschein nach war dies eine nicht realisierbare Verheißung: Er war nämlich ein alter Mann, und auch seine Frau Sara war schon alt. Nach menschlichem Ermessen bestand keinerlei Hoffnung auf einen Nachkommen mehr (vgl. *Gen* 18, 11–14). Und dennoch erblickt dieser Nachkomme das Licht der Welt. Die Verheißung, die Gott dem Abraham gegeben hatte, erfüllt sich (vgl. *Gen* 21, 1–7). Der noch im hohen Alter gezeugte Sohn erhält den Namen Isaak, und mit ihm beginnt das Geschlecht Abrahams, das allmählich zu einem Volk heranwächst. Es ist Israel, das von Gott auserwählte Volk, dem er die messianische Verheißung anvertraut. Die ganze Geschichte Israels entwickelt sich als Zeit der Erwartung, dass sich diese von Gott gegebene Verheißung erfülle.

Die Verheißung hat ein bestimmtes Ziel: den »Segen« Gottes für Abraham und seine Nachkommen. Das ist der Sinn der Worte, mit denen das Gespräch zwischen Gott und ihm beginnt: »Ich werde dich zu einem großen Volk machen, dich segnen und deinen Namen groß machen. Ein Segen sollst du sein ... Durch dich sollen alle Geschlechter der Erde Segen erlangen« (*Gen* 12, 2–3). Um die Heilstragweite dieser Verheißung zu verstehen, muss man zu den ersten Kapiteln des Buches Genesis zurückgehen und speziell zum dritten Kapitel, wo das Gespräch Jahwes mit den Protagonisten des Sündenfalls wiedergegeben ist. Gott zieht zuerst den Mann und dann die Frau zur Rechenschaft für das, was sie getan haben. Und als der Mann seine Frau beschuldigt, weist diese ihrerseits auf den Versucher (vgl. *Gen* 3, 11–13). Tatsächlich war die Anstiftung zur Übertretung des Gebotes Gottes von ihm ausgegangen (vgl. *Gen* 3, 1–5).

Dennoch ist es interessant festzustellen, wie in dem Fluch, den Gott gegen die Schlange richtet, bereits die Verheißung des zukünftigen Heilsplanes enthalten ist. Gott verflucht den bösen Geist, der die ersten Menschen zur Ursünde verleitet hat, spricht jedoch zugleich Worte, welche die erste messianische Verheißung enthalten. Er sagt nämlich zur Schlange: »Feindschaft setze ich zwischen dich und die Frau, zwischen deinen Nachwuchs und ihren Nachwuchs. Er trifft dich am Kopf, und du triffst ihn an der Ferse« (*Gen* 3, 15). Es ist eine gedrängte Darstellungsform, in der jedoch alles gesagt ist. Sie enthält die Heilsverheißung, und es ist bereits möglich, die gesamte Menschheitsgeschichte bis zur Apokalypse zu erahnen: Die im Protoevangelium angekündigte Frau erscheint in der Apokalypse mit der Sonne bekleidet und mit einem Kranz von zwölf Sternen gekrönt, während sich der alte Drache auf sie stürzt, um ihren Nachkommen zu verschlingen (vgl. *Offb* 12, 1–6).
Bis zum Ende der Zeiten wird also der Kampf zwischen Gut und Böse andauern, zwischen der Sünde, die die Menschheit von ihren Stammeltern ererbt hat, und der rettenden Gnade, die von Christus, dem Sohn Marias, gespendet wird. Er ist die Verwirklichung der Verheißung, die Abraham gegeben und von Israel geerbt wurde. Mit seinem Kommen beginnt die Endzeit, die Zeit der eschatologischen Erfüllung. Gott, der das Wort gehalten hat, das er Abraham gab, indem er durch Mose einen Bund mit Israel schloss, hat in Christus, seinem Sohn, der ganzen Menschheit die Aussicht auf das ewige Leben eröffnet, über die Grenze ihrer irdischen Geschichte hinaus. Das ist die außerordentliche Bestimmung des Menschen: Zur Würde der Gotteskindschaft beru-

fen, nimmt er diese seine Berufung im Glauben an und widmet sich dem Aufbau des Gottesreiches, in dem die Geschichte des Menschengeschlechts auf Erden ihr endgültiges Ziel finden wird.
In diesem Zusammenhang kommen mir einige Verse in den Sinn, die ich vor Jahren schrieb und in denen ich über den Menschen mit dem MENSCHEN sprach, dem inkarnierten WORT Gottes, in dem allein die Geschichte ihren vollen Sinn erlangt. Ich sagte:

> *Ich rufe Dich an und suche Dich,*
>   *MENSCH – in dem*
> *die menschliche Geschichte ihre GESTALT*
>   *finden kann.*
> *Ich bewege mich auf Dich zu, ich sage nicht:*
>   *»Komm!«,*
> *ich sage bloß: »Sei!«,*
>
> *sei dort, wo in den Dingen keine Spur verbleibt,*
>   *doch wo einmal war der Mensch,*
> *wo Herz war und Seele, Sehnen, Schmerz*
>   *und Wollen,*
> *der Mensch, verzehrt von Gefühlen und*
>   *errötend vor heiliger Scham –*
> *sei wie der ewige Seismograph dessen, was*
>   *unsichtbar ist, doch Wirklichkeit.*
> *O MENSCH, in dem sich begegnen*
>   *des Menschen tiefste Tiefe und*
>   *höchste Vollendung,*
> *in dessen Innerstem nicht Schwere ist,*
>   *noch Finsternis, sondern – Herz allein.*
>
> *MENSCH, in dem jeder Mensch kann*
>   *wiederfinden die tiefste Absicht*
> *und die Wurzel seines Handelns: Spiegel*

> *von Leben und Tod,*
> *gerichtet auf den menschlichen Strom,*
>
> M*ENSCH* – *zu Dir gelange ich immer* – *wenn*
> *ich durchwatend überquere*
> *das Flussbett der Geschichte,*
> *zugehe auf jedes Herz, zugehe auf jeden*
> *Gedanken*
> *(Geschichte* – *eine Flut von Gedanken und*
> *Tod der Herzen).*
> *Die ganze Geschichte hindurch suche*
> *ich Deine* G*ESTALT,*
> *suche Deine Tiefe.*[46]

Und darum nun die Antwort auf die »entscheidende« Frage: Der tiefste Sinn der Geschichte geht über die Geschichte hinaus und findet seine umfassende Erklärung in Christus, dem Gottmenschen. Die christliche Hoffnung überwindet die Grenze der Zeit. Das Reich Gottes nistet sich in der Geschichte des Menschen ein und entwickelt sich in ihr, doch sein Ziel ist das zukünftige Leben. Die Menschheit ist berufen, über die Grenze des Todes hinauszugehen, sogar über die Abfolge der Jahrhunderte hinweg, dem endgültigen Ziel der Ewigkeit entgegen, an der Seite des verherrlichten Christus in der trinitarischen Gemeinschaft. »Ihre Hoffnung ist voll Unsterblichkeit« (*Weish* 3, 4).

---

[46] *Veglia pasquale 1966*, in *Opere letterarie – Poesie e drammi*, Vatikanstadt 1993, S. 136

EPILOG

Das letzte Gespräch fand in dem kleinen Esszimmer des päpstlichen Palastes in Castel Gandolfo statt. Auch der Sekretär des Papstes, Mons. Stanisław Dziwisz, nahm daran teil.

26. »JEMAND HATTE DIESE KUGEL GELEITET ...«

Wie ging es eigentlich an jenem 13. Mai 1981 wirklich zu? Offenbarten das Attentat und die Ereignisse, die es begleiteten, nicht eine vielleicht in Vergessenheit geratene Wahrheit über das Papsttum? Ist es nicht möglich, darin eine besondere Botschaft über Ihre persönliche Sendung zu erkennen, Heiliger Vater? Sie haben den Attentäter im Gefängnis besucht und sind ihm Aug in Aug begegnet. Wie sehen Sie heute, nach so vielen Jahren, die Geschehnisse jenes Tages? Welche Bedeutung haben das Attentat und die mit ihm zusammenhängenden Ereignisse in Ihrem Leben gewonnen?

Johannes Paul II.: All das war ein Zeichen der göttlichen Gnade. Ich sehe darin eine gewisse Ähnlichkeit mit der Prüfung, die Kardinal Wyszyński während seiner Haft auferlegt wurde. Die Erfahrung des Primas von Polen dauerte jedoch drei Jahre, während sich die meine nur über einen eher kurzen Zeitraum erstreckte, über einige Monate. Agca wusste, wie man schießt; er schoss zweifellos, um zu treffen. Nur, es war, als hätte »jemand« diese Kugel geleitet und umgeleitet ...

Stanisław Dziwisz: Agca schoss, um zu töten. Dieser Schuss sollte tödlich sein. Die Kugel durchdrang den Leib des Heiligen Vaters und verletzte ihn im Bauch, am rechten Ellenbogen und am linken Zeigefinger. Dann fiel sie zwischen dem Papst

und mir herunter. Ich hörte noch zwei weitere Schüsse; zwei Menschen, die in unserer Nähe standen, wurden verletzt.
Ich fragte den Papst: »Wo?« Er antwortete: »Im Bauch.« – »Tut es weh?« – »Es tut weh.«
Kein Arzt war in der Nähe. Es war keine Zeit zum Überlegen. Wir brachten den Heiligen Vater unverzüglich in den Ambulanzwagen und fuhren mit größtmöglicher Geschwindigkeit zum Polyklinikum »Gemelli«. Der Heilige Vater betete leise. Dann, schon während der Fahrt, verlor er das Bewusstsein.
Es ging um Leben oder Tod, verschiedene Elemente waren dafür entscheidend. Nehmen wir z. B. die Frage der Zeit – der Zeit, um zum Krankenhaus zu kommen: Ein paar Minuten mehr, ein kleines Hindernis auf der Straße ... und schon wäre es zu spät gewesen. In all dem ist die Hand Gottes sichtbar. Alles weist darauf hin.

Johannes Paul II.: Ja, ich erinnere mich an die Fahrt zum Krankenhaus. Für einige Zeit blieb ich bei Bewusstsein. Ich hatte das Gefühl, dass ich es schaffen werde. Ich litt, und das war ein Grund zur Furcht – doch hatte ich eine merkwürdige Zuversicht.
Ich sagte zu Don Stanisław, dass ich dem Attentäter verzieh. Was im Krankenhaus geschah, weiß ich bereits nicht mehr.

Stanisław Dziwisz: Fast unmittelbar nach der Ankunft im Polyklinikum wurde der Heilige Vater in den Operationssaal gebracht. Die Situation war sehr ernst. Der Papst hatte bereits viel Blut verloren. Der Blutdruck sank dramatisch ab, man hörte kaum mehr den Herzschlag. Die Ärzte rieten mir, die Krankensalbung zu spenden. Ich tat es sofort.

Johannes Paul II.: Ich war praktisch schon auf der anderen Seite.

Stanisław Dziwisz: Dann wurde eine Bluttransfusion gemacht.

Johannes Paul II.: Die zusätzlichen Komplikationen und die Verlängerung des ganzen Heilungsprozesses waren übrigens die Folge dieser Transfusion.

Stanisław Dziwisz: Der Organismus verweigerte das erste Blut. Es fanden sich jedoch Ärzte im selben Krankenhaus, die ihr Blut für den Heiligen Vater spendeten. Diese zweite Transfusion ging gut. Die Ärzte schritten zur Operation, ohne an das Überleben des Patienten zu glauben. So kümmerten sie sich verständlicherweise überhaupt nicht um den von der Kugel durchbohrten Finger. »Falls er überlebt, wird man später etwas für dieses Problem tun«, sagten sie zu mir. In Wirklichkeit heilte dann die Verletzung am Finger ohne besondere Pflege von selbst.
Nach der Operation wurde der Heilige Vater ins Reanimationszentrum gebracht. Die Ärzte befürchteten eine Infektion; in dieser Situation hätte eine Infektion zum Tode führen können. Ein Teil der inneren Organe des Heiligen Vaters war gefährdet. Die Operation war sehr anspruchsvoll gewesen. Tatsächlich vernarbte alles bestens, ohne jede Komplikation, während bekanntlich nach so

komplizierten Eingriffen nicht selten Schwierigkeiten auftreten.

Johannes Paul II.: In Rom der sterbende Papst, in Polen Trauer ... In meinem Krakau organisierten die Universitätsangehörigen eine Demonstration: den »weißen Marsch«[47]. Als ich später nach Polen reiste, sagte ich: »Ich bin gekommen, um euch für den ›weißen Marsch‹ zu danken.« Auch in Fatima bin ich gewesen, um der Madonna zu danken.
Oh mein Gott! Es war eine schwere Erfahrung! Ich erwachte erst am folgenden Tag gegen Mittag. Und ich sagte zu Don Stanisław: »Gestern habe ich die Komplet nicht gebetet.«

Stanisław Dziwisz: Um genau zu sein, Heiliger Vater: Sie fragten mich: »Habe ich die Komplet gebetet?« Sie meinten nämlich, wir befänden uns noch am vorigen Tag.

Johannes Paul II.: Ich hatte tatsächlich keine Ahnung von dem, was Don Stanisław wusste. Mir wurde nicht gesagt, wie schwerwiegend die Situation war. Außerdem war ich ja recht lange einfach bewusstlos geblieben.
Beim Erwachen war meine Stimmung gar nicht so schlecht. Zumindest am Anfang.

---

47 Gemeint ist der Demonstrationszug, der am Sonntag nach dem Attentat in Krakau stattfand: Daran nahmen Zehntausende Studenten und Bürger teil, die als Symbol des Protestes gegen die Finsternis des Bösen und der Gewalt weiß gekleidet waren. Vom Platz Błonia ausgehend, bewegte sich der Zug im Schweigen über die Trzech-Wieszczów-Allee, die Karmelicka-Straße und die Szewska-Straße bis zum Marktplatz (Rynek), wo der Erzbischof von Krakau, Kardinal Franciszek Macharski, um 12 Uhr die Heilige Messe zelebrierte. (Anm. d. Red.)

Stanisław Dziwisz: Die drei folgenden Tage waren schrecklich. Der Heilige Vater litt furchtbar. Auf allen Seiten hatte er Drainagen, überall Schnittwunden. Trotzdem ging die Konvaleszenz rasch voran. Anfang Juni kehrte der Papst nach Hause zurück. Es wurde ihm nicht einmal eine spezifische Diät auferlegt.

Johannes Paul II.: Wie man sieht, habe ich einen ziemlich starken Organismus.

Stanisław Dziwisz: Erst später wurde der Organismus von einem gefährlichen Virus angegriffen, und das war eine Folge der ersten Transfusion oder auch der allgemeinen Schwächung. Dem Papst war eine ungeheure Menge an Antibiotika verabreicht worden, um ihn vor der Infektion zu schützen. Das reduzierte den natürlichen Immunhaushalt merklich. So kam es, dass sich eine andere Krankheit entwickelte. Der Heilige Vater wurde erneut ins Krankenhaus gebracht.
Dank der intensiven medizinischen Behandlung verbesserte sich sein Gesundheitszustand so weit, dass die Ärzte entschieden, man könne nun eine weitere Operation zur Ergänzung der Eingriffe vornehmen, die am Tag des Attentats gemacht worden waren. Der Heilige Vater wählte als Datum dafür den 5. August, den Tag von »Maria Schnee«, der im liturgischen Kalender als der Weihetag der Basilika »Santa Maria Maggiore« verzeichnet ist.
Auch diese zweite Behandlungsphase wurde überstanden. Am 13. August, drei Monate nach dem Attentat, gaben die Ärzte ein Kommuniqué heraus, in dem der Abschluss der Krankenhaus-

behandlungen mitgeteilt wurde. Der Patient konnte endgültig nach Hause zurückkehren.

Fünf Monate nach dem Attentat begab sich der Heilige Vater auf den Petersplatz, um sich wieder mit den Gläubigen zu treffen. Er zeigte keine Spur von Angst und auch keinerlei Stress, obwohl die Ärzte gewarnt hatten, dass so etwas eintreten könnte.

Damals sagte er: »Wieder einmal bin ich der Heiligen Jungfrau und allen heiligen Schutzpatronen zu Dank verpflichtet. Könnte ich je vergessen, dass das Ereignis auf dem Petersplatz an dem Tag und in der Stunde stattfand, in der man seit über 60 Jahren in Fatima in Portugal der ersten Erscheinung der Mutter Christi vor den Hirtenkindern gedenkt? In allem, was gerade an jenem Tag mit mir geschehen ist, habe ich einen außerordentlichen Schutz und besondere mütterliche Fürsorge gespürt. Diese hat sich als stärker erwiesen als das tödliche Geschoss.«

Johannes Paul II.: Während der Weihnachtszeit 1983 habe ich den Attentäter im Gefängnis besucht. Wir haben lange miteinander gesprochen. Ali Agca ist – wie alle sagen – ein professioneller Killer. Das bedeutet, dass das Attentat nicht eine Eigeninitiative seinerseits war, sondern dass jemand anders es geplant, dass ein anderer ihn damit beauftragt hatte. Während des ganzen Gesprächs wurde deutlich, dass Ali Agca sich immer noch fragte, wie es nur möglich war, dass ihm das Attentat nicht gelungen war. Er hatte alles getan, was nötig war, jedes kleinste Detail sorgfältig beachtet. Und doch war das angepeilte Opfer dem Tode entkommen. Wie konnte das nur geschehen sein?

Das Interessante ist, dass diese Unruhe ihn auf die religiöse Frage gebracht hatte. Er fragte sich, was es eigentlich mit diesem Geheimnis von Fatima auf sich habe, worin dieses Geheimnis wohl bestehe. Das war sein Hauptinteresse; vor allem das wollte er wissen.

Vielleicht offenbarte sich in diesen seinen anhaltenden Fragen, dass er das wirklich Wichtige wahrgenommen hatte. Möglicherweise hatte Ali Agca intuitiv erfasst, dass es über seiner Macht, jenseits der Macht, zu schießen und zu töten, eine höhere Kraft gab. Und da hatte er begonnen, sie zu suchen. Mein Wunsch ist, dass er sie gefunden hat.

Stanisław Dziwisz: Ich möchte die wundersame Rückkehr des Heiligen Vaters ins Leben und in die Gesundheit als eine Gabe des Himmels bezeichnen. In seiner menschlichen Dimension ist das Attentat ein Geheimnis geblieben. Weder der Prozess noch die lange Haft des Attentäters haben es aufklären können. Ich war Zeuge des Besuches des Heiligen Vaters bei Ali Agca im Gefängnis. Der Papst hatte ihm schon in seiner ersten Rede nach dem Attentat öffentlich verziehen. Vonseiten des Gefangenen habe ich die Worte: »Ich bitte um Verzeihung« nicht gehört. Ihn interessierte nur das Geheimnis von Fatima. Der Heilige Vater hat die Mutter des Attentäters und seine Angehörigen mehrmals empfangen, und häufig erkundigte er sich bei den Gefängnisseelsorgern nach ihm.

In der Dimension des Göttlichen umfasst das Geheimnis den gesamten Ablauf des dramatischen Ereignisses, das die Gesundheit und die Kräfte des Heiligen Vaters geschwächt, die Wirkung und Fruchtbarkeit seines apostolischen Dienstes in der Kirche und in der Welt jedoch absolut nicht gehemmt hat.

Ich denke, dass es keine Übertreibung ist, auf diesen Fall den bekannten Ausspruch zu beziehen: *Sanguis martyrum semen christianorum*[48]. Vielleicht war dieses Blut auf dem Petersplatz, dem Ort des Martyriums der ersten Christen, nötig.

Zweifellos war die erste Frucht dieses Blutes die Einheit der ganzen Kirche im großen Gebet um die Rettung des Papstes. Die Pilger, die zur Audienz gekommen waren, und eine ständig wachsende Menge von Römern beteten während der ganzen Nacht nach dem Attentat auf dem Petersplatz. In den folgenden Tagen wurden in den Kathedralen, Kirchen und Kapellen aller Welt Heilige Messen gefeiert und Gebete in den Intentionen des Papstes zum Himmel geschickt. Er selbst sagte später dazu: »Ich kann an all das kaum ohne Rührung denken. Ohne eine tiefe Dankbarkeit allen gegenüber. All denen gegenüber, die sich am 13. Mai zum Gebet versammelt haben. Und all denen gegenüber, die diese ganze Zeit hindurch beharrlich darin durchgehalten haben […] Ich bin Christus, dem Herrn, dankbar und dem Heiligen Geist, der durch dieses Ereignis, das am 13. Mai um 17.17 Uhr auf dem Petersplatz stattfand, so viele Herzen zum gemeinsamen Gebet inspiriert hat. Und wenn ich an dieses große Gebet denke, kann ich die Worte der Apostelgeschichte nicht vergessen, die sich auf Petrus be-

---

48 »Das Blut der Märtyrer ist der Same der Christenheit.«

ziehen: ›Die Gemeinde betete inständig für ihn zu Gott‹ (*Apg* 12, 5).«[49]

Johannes Paul II.: Ich lebe in dem ständigen Bewusstsein, dass in allem, was ich in der Erfüllung meiner Berufung und Sendung und meines Amtes sage und tue, etwas geschieht, was nicht ausschließlich meine Initiative ist. Ich weiß, dass nicht ich allein es bin, der in dem, was ich als Nachfolger Petri tue, handelt.
Nehmen wir das Beispiel des kommunistischen Systems. Wie ich bereits früher sagte, hat zu seinem Sturz sicher die mangelhafte wirtschaftliche Lehre beigetragen. Sich jedoch ausschließlich auf wirtschaftliche Faktoren zu berufen, wäre eine ziemlich einfältige Vereinfachung. Andererseits weiß ich sehr wohl, dass es lächerlich wäre zu meinen, der Papst sei es gewesen, der mit eigenen Händen den Kommunismus zerschlagen hat.
Ich denke, die Erklärung findet sich im Evangelium. Als die ersten ausgesendeten Jünger von ihrer Mission zu ihrem Meister zurückkehren, sagen sie: »Herr, sogar die Dämonen gehorchen uns, wenn wir deinen Namen aussprechen« (*Lk* 10, 17). Und Christus antwortet ihnen: »Freut euch nicht darüber, dass euch die Geister gehorchen, sondern freut euch darüber, dass eure Namen im Himmel verzeichnet sind« (*Lk* 10, 20). Und bei einer anderen Gelegenheit fügt er hinzu: »Sagt: Wir sind unnütze Sklaven; wir haben nur unsere Schuldigkeit getan« (*Lk* 17, 10).

---

[49] Katechese bei der Generalaudienz am 7. Oktober 1981, 5, in *Insegnamenti di Giovanni Paolo II*, IV/2, 1981, S. 368

Unnütze Sklaven ... Das Bewusstsein des »unnützen Sklaven« wächst ständig in mir inmitten all dessen, was um mich herum geschieht – und ich denke, das ist gut so.

Um auf das Attentat zurückzukommen: Ich denke, dass es eine der letzten Zuckungen der Ideologien der Gewalt war, die sich im 20. Jahrhundert entfesselt haben. Die Gewalttätigkeit wurde vom Faschismus und vom Nationalsozialismus ebenso praktiziert wie vom Kommunismus. Die mit ähnlichen Argumenten begründete Gewalttätigkeit hat sich auch hier in Italien entwickelt: Die »Roten Brigaden« töteten unschuldige und ehrenwerte Menschen.

Wenn ich heute, im zeitlichen Abstand von mehreren Jahren, den Wortlaut der damaligen Tonbandaufnahme noch einmal lese, stelle ich fest, dass sich die Äußerungen der Gewalt der »bleiernen Zeit«[50] deutlich verringert haben. Dagegen ist in dieser letzten Zeit eine weltweite Ausbreitung der so genannten »Netze des Terrors« zu beobachten, die eine ständige Bedrohung für das Leben von Millionen von Unschuldigen darstellen. Erschütternde Bestätigungen dafür waren die furchtbare Zerstörung der Zwillingstürme in New York (11. September 2001), der Anschlag auf den Bahnhof Atocha in Madrid (11. März 2004) und das Blutbad von Beslan in Ossetien (1.–3. September 2004). Wohin werden uns diese neuen Gewaltausbrüche bringen?

---

50 Mit diesem Ausdruck wird die Zeit des Terrorismus der Roten Brigaden in Italien bezeichnet. (Anm. d. Red.)

Der Sturz zuerst des Nationalsozialismus und dann der Sowjetunion war die Verbuchung eines Scheiterns. Er hat die ganze Absurdität der Gewalt auf großer Ebene, wie sie in jenen Systemen theoretisiert und verwirklicht worden war, verdeutlicht. Werden die Menschen die dramatischen »Lektionen«, welche die Geschichte ihnen erteilt hat, berücksichtigen? Oder werden sie im Gegenteil der Versuchung der Leidenschaften, die in ihrem Innern wurzeln, nachgeben und sich wieder einmal von den verheerenden Suggestionen der Gewalt hinreißen lassen?

Der glaubende Mensch weiß, dass das Vorhandensein des Bösen immer vom Vorhandensein des Guten, der Gnade, begleitet ist. Der hl. Paulus schreibt: »Doch anders als mit der Übertretung verhält es sich mit der Gnade; sind durch die Übertretung des Einen die vielen dem Tod anheim gefallen, so ist erst recht die Gnade Gottes und die Gabe, die durch die Gnadentat des einen Menschen Jesus Christus bewirkt worden ist, den vielen reichlich zuteil geworden« (*Röm* 5, 15). Diese Worte behalten ihre Aktualität auch in unseren Tagen. Die Erlösung geht weiter. Wo das Böse zunimmt, dort nimmt auch die Hoffnung auf das Gute zu. In unseren Tagen hat sich das Böse übermäßig entwickelt, indem es sich des Werkes der perversen Systeme bediente, die Gewalt und Übergriff in großem Umfang praktizierten. Ich spreche hier nicht von dem Bösen, das von einzelnen Menschen zu persönlichen Zwecken oder durch Einzelinitiativen verübt wurde. Das Böse des 20. Jahrhunderts war nicht ein Übel in Kleinformat, sozusagen »hausge-

macht«. Es war ein Übel von gigantischen Ausmaßen, ein Übel, das sich der staatlichen Strukturen bedient hat, um sein unheilvolles Werk zu vollenden, ein Übel, das zum System erhoben wurde.
Gleichzeitig hat sich jedoch die göttliche Gnade in überströmendem Reichtum gezeigt. Es gibt kein Übel, das Gott nicht für etwas noch größeres Gutes nutzbar machen könnte. Es gibt kein Leiden, das er nicht in einen Weg zu verwandeln wüsste, der zu ihm führt. Indem er sich freiwillig dem Leiden und dem Tod am Kreuz übergab, hat der Sohn Gottes alles Übel der Sünde auf sich genommen. Das Leiden des gekreuzigten Gottes ist nicht nur eine Form des Leidens neben den anderen, ein mehr oder weniger großer Schmerz, sondern es ist ein Leiden von unvergleichlichem Ausmaß. Christus hat, indem er für uns alle litt, dem Leiden einen neuen Sinn verliehen, er hat es in eine neue Dimension erhoben, in eine neue Ordnung eingeführt: in die Ordnung der Liebe. Zwar tritt das Leiden mit der Ursünde in die Geschichte des Menschen ein. Die Sünde ist jener »Stachel« (vgl. *1 Kor* 15, 55–56), der uns Schmerz zufügt, der den Menschen tödlich verletzt. Doch die Passion Christi am Kreuz hat dem Leiden einen radikal neuen Sinn verliehen, es von innen her verwandelt. Sie hat in die menschliche Geschichte, die Geschichte der Sünde ist, ein schuldloses, einzig aus Liebe angenommenes Leiden eingefügt. Das ist das Leiden, welches das Tor zur Hoffnung auf Befreiung öffnet, auf die endgültige Beseitigung jenes »Stachels«, der die Menschheit peinigt. Es ist das Leiden, welches das Böse mit der Flamme der Liebe verbrennt und aufzehrt und sogar aus der

Sünde einen mannigfaltigen Reichtum an Gutem hervorbringt.

Jedes menschliche Leiden, jeder Schmerz, jede Gebrechlichkeit birgt eine Verheißung des Heiles, eine Verheißung der Freude in sich: »Ich freue mich in den Leiden, die ich für euch ertrage«, schreibt der hl. Paulus (*Kol* 1, 24). Das gilt für jedes Leiden, das durch etwas Böses verursacht wurde; das gilt auch im Fall jenes enormen, vielgestaltigen gesellschaftlichen und politischen Übels, das heute die Welt teilt und erschüttert: das Übel der Kriege und der Unterdrückung von Einzelnen und von Völkern, das Übel der sozialen Ungerechtigkeit, der mit Füßen getretenen Menschenwürde, der Diskriminierung aufgrund von Rasse oder Religion, das Übel der Gewalt, des Terrorismus und des Rückgriffs auf Waffengewalt – all dieses Böse existiert in der Welt auch, um in uns die Liebe zu erwecken, die eine Selbsthingabe ist im großherzigen und uneigennützigen Dienst an denen, die vom Leiden heimgesucht sind.

In der Liebe, die ihre Quelle im Herzen Christi hat, liegt die Hoffnung für die Zukunft der Welt. Christus ist der Erlöser der Welt: »Durch seine Wunden sind wir geheilt« (*Jes* 53, 5).

ANHANG

VERZEICHNIS DER ZITIERTEN ODER ERWÄHNTEN BIBELSTELLEN

DIE SCHRIFTEN DES ALTEN TESTAMENTS

Die fünf Bücher des Mose
Gen 1, 26: 104
Gen 1, 26–27: 142
Gen 1, 27: 108, 128, 186f
Gen 1, 27–28: 104
Gen 1, 28: 106, 108
Gen 1, 31: 104f, 109
Gen 2, 7: 104
Gen 2, 23: 105
Gen 2, 24: 105
Gen 3, 1–5: 190f
Gen 3, 4–5: 106
Gen 3, 5: 20
Gen 3, 11–13: 190
Gen 3, 14–15: 41
Gen 3, 14–19: 33
Gen 3, 15: 106, 187, 191
Gen 12, 2–3: 190
Gen 18, 11–14: 190
Gen 21, 1–7: 190

Die Bücher der Geschichte des Volkes Gottes
2 Sam 12, 7: 71

Die Bücher der Lehrweisheit und die Psalmen
Ps 51, 3–17: 71ff

Weish 3, 4: 193

Die Bücher der Propheten
Jes 53, 5: 209
Jes 53, 12: 74

DIE SCHRIFTEN DES NEUEN TESTAMENTS

Die Evangelien
Mt 2, 1–12: 183
Mt 2, 13–15: 183
Mt 4, 19: 42
Mt 11, 27: 84
Mt 12, 31: 21
Mt 12, 46–50: 184
Mt 13, 24–30: 16
Mt 13, 29–30: 16
Mt 19, 16–22: 42
Mt 19, 16f u. par.: 43
Mt 22, 34–40: 43
Mt 28, 19: 133
Mt 28, 20: 148

Mk 1, 17: 42
Mk 2, 5: 38
Mk 2, 11: 38f
Mk 2, 27: 138
Mk 2, 31–35: 184
Mk 10, 17–22: 42
Mk 12, 28–31: 43

Lk 2, 7: 182
Lk 2, 15–17: 183
Lk 2, 49: 184
Lk 2, 51: 182f
Lk 8, 19–21: 184
Lk 10, 17: 205
Lk 10, 20: 205
Lk 10, 22: 84

Lk 17, 10: 205
Lk 18, 18–23: 42
Lk 22, 19: 180, 185
Lk 23, 46: 69

Joh 1, 13: 96
Joh 1, 14: 182f
Joh 1, 43: 42
Joh 2, 1–11: 183f
Joh 5, 20: 84
Joh 5, 21ff: 84
Joh 12, 31: 34
Joh 14, 26: 185
Joh 15, 5: 127f
Joh 16, 8: 19
Joh 16, 28: 85
Joh 17, 21: 132
Joh 19, 25–27: 184
Joh 19, 26–27: 183
Joh 20, 19–23: 74
Joh 20, 22–23: 39

Die Apostelgeschichte
Apg 1, 8: 133, 178
Apg 4, 12: 147
Apg 12, 5: 205
Apg 16, 9: 120
Apg 17, 22–31: 123f
Apg 17, 28: 126
Apg 17, 32: 124

Die Paulinischen Briefe
Röm 2, 15: 166
Röm 4, 11–12: 95
Röm 4, 18: 189
Röm 5, 15: 207
Röm 12, 21: 30, 69

1 Kor 2, 12: 149
1 Kor 3, 9: 86
1 Kor 9, 16: 147
1 Kor 15, 27–28: 45f
1 Kor 15, 45: 143
1 Kor 15, 45–49: 188
1 Kor 15, 55–56: 208
2 Kor 5, 21: 74

Gal 2, 15–21: 39f
Gal 2, 20: 143
Gal 4, 4: 96
Gal 4, 4–7: 84f

Eph 2, 4: 70

Phil 2, 8–9: 45

Kol 1, 15: 142
Kol 1, 24: 209

1 Tim 2, 4: 75
2 Tim 4, 2: 147

Die Katholischen Briefe
1 Joh 4, 8: 75

Die Offenbarung des Johannes
Offb 12, 1–6: 191

VERZEICHNIS DER BIBLISCHEN ABKÜRZUNGEN

DIE SCHRIFTEN DES ALTEN TESTAMENTS

Die fünf Bücher des Mose
Gen Das Buch Genesis

Die Bücher der Geschichte des Volkes Gottes
2 Sam Das zweite Buch Samuel

Die Bücher der Lehrweisheit und die Psalmen
Ps Die Psalmen
Weish Das Buch der Weisheit

Die Bücher der Propheten
Jes Das Buch Jesaja

DIE SCHRIFTEN DES NEUEN TESTAMENTS

Die Evangelien
Mt Das Evangelium nach Matthäus
Mk Das Evangelium nach Markus
Lk Das Evangelium nach Lukas
Joh Das Evangelium nach Johannes

Die Paulinischen Briefe
Röm Der Brief an die Römer
1 Kor Der erste Brief an die Korinther
2 Kor Der zweite Brief an die Korinther
Gal Der Brief an die Galater

Eph	Der Brief an die Epheser		
Phil	Der Brief an die Philipper		
Kol	Der Brief an die Kolosser		
1 Tim	Der erste Brief an Timotheus		
2 Tim	Der zweite Brief an Timotheus		

Die Katholischen Briefe

1 Joh   Der erste Brief des Johannes

Allgemeines

f	und folgende(r) (Vers/Seite)
ff	und folgende (Verse/Seiten)
u. par.	und Parallelstellen

PERSONENREGISTER

A
Adalbert (um 956–997), Heiliger 109
Agca, Ali (*1958), Papstattentäter 197, 202f
Alexander der Große (356–323 v. Chr.), makedonischer Feldherr und späterer König (326–323 v. Chr.) 123
Angelico, Beato, auch Fra Angelico (um 1401 oder 1402–1455), italienischer Maler 66
Aristoteles (384–322 v. Chr.), griechischer Philosoph 58ff, 164
Augustinus, Aurelius (354–430), Heiliger 15, 20

B
Benedikt von Nursia (um 480–547), Heiliger 66, 121
Bentham, Jeremy (1748–1832), englischer Philosoph 54
Bogusławski, Wojciech (1757–1829), polnischer Schauspieler und Dramatiker 83
Boleslaw I. Chrobry (966 oder 967–1025), polnischer Herzog (992–1025) und späterer König (1025) 113
Buonarroti, Michelangelo → Michelangelo Buonarroti

C
Calvin, Johannes (1509–1564), schweizerischer Reformator 125
Cardijn, Joseph (1882–1967), belgischer Arbeiterpriester und späterer Kardinal 65
Chopin, Fryderyk (1810–1849), auch Frédéric Chopin, polnischer Komponist 82
Cyrill (826–869), Heiliger 120f, 130, 133

Czeżowski, Tadeusz
(1889–1981),
polnischer Philosoph
24

D
Dąmbska, Izydora
(1904–1983),
polnische Philosophin
23
Descartes, René
(1596–1650), französischer Philosoph 22f,
27
Dostojewskij, Fjodor
Michajlowitsch
(1821–1881),
russischer Schriftsteller 57
Dubrawa (922 oder
935–992), polnische
Königin, Gattin von
→ Mieszko I. 87
Dziwisz, Stanisław
(*1939), Monsignore,
Sekretär des Papstes
195, 197ff

F
Falkenburg,
Johannes (um
1364–nach 1429),
Theologe unbekannter Herkunft 172
(Fußnote)

G
Giotto di Bondone
(1266?–1337),
italienischer Maler
und Baumeister 66
Goethe, Johann Wolfgang von (1749–1832),
deutscher Dichter 30
Grottger, Artur
(1837–1867),
polnischer Maler 83

H
Hedwig, eingedeutschte
Form von → Jadwiga
Hitler, Adolf
(1889–1945), deutscher Diktator 168,
176
Husserl, Edmund
(1859–1938), deutscher Philosoph 35

I
Ingarden, Roman
(1893–1970), polnischer Philosoph 23
Irenäus (um 140?–um
200), Heiliger 149

J
Jadwiga (um
1374–1399), Heilige,
Gattin von Vladislaus
→ Jagiełło, Tochter

von → Ludwig dem
Großen von Ungarn
und Polen 115 (Fuß-
note)
Jagiełło, Vladislaus
(um 1362–1434),
polnischer König
(1386–1434) 114
(Fußnote)
Jan III. Sobieski
(1629–1696),
polnischer König
(1674–1696) 174
Janicius, Clemens
(1516–1543), polni-
scher Dichter 110
Johann III. Sobieski
→ Jan III. Sobieski
Johannes XXIII.
(1881–1963), Papst
(1958–1963) 60, 149
Johannes vom Kreuz
(1542–1591), Heiliger
66

K
Kant, Immanuel
(1724–1804), deut-
scher Philosoph 54ff
Katharina von Siena
(† 1380), Heilige 66
Kochanowski, Jan
(1530–1584), polni-
scher Schriftsteller
110

Kolbe, Maksymilian
(1894–1941), auch
Maximilian Kolbe,
Heiliger 35
Kopernikus, Nikolaus
(1473–1543), polni-
scher Astronom 110,
172
Kotarbiński, Tadeusz
(1886–1981), polni-
scher Philosoph 23
Kowalska, Faustina
(1905–1938), Heilige
18f, 74ff
Krasiński, Zygmunt
(1812–1859), polni-
scher Schriftsteller 82

L
Leo XIII. (1810–1903),
Papst (1878–1903) 60,
62, 140
Lévinas, Emmanuel
(1906–1995), franzö-
sischer Philosoph 57
Ludwig der Große
(1326–1382), ungari-
scher (1342–1382)
und polnischer
(1370–1382) König,
Vater von → Jadwiga
115 (Fußnote)
Luther, Martin
(1483–1546), deut-
scher Reformator 125

M

Macharski, Franciszek (*1927), polnischer Kardinal 200
Malczewski, Jacek (1854–1929), polnischer Maler 83
Marx, Karl (1818–1883), deutscher Philosoph 140
Matejko, Jan (1838–1893), polnischer Maler 83
Mateusz von Krakau (1330–1410), polnischer Gelehrter 172
Methodius (um 815–885), Heiliger 120f, 130, 133
Michalski, Konstanty (1879–1947), polnischer Philosoph 29
Michalski, Krzysztof (*1948), polnischer Philosoph 10
Michelangelo Buonarroti (1475–1564), italienischer Maler und Bildhauer 66
Mickiewicz, Adam (1798–1855), polnischer Schriftsteller 82
Mieszko I. (922–992), polnischer König (960–992) 87, 113

Mill, John Stuart (1806–1873), englischer Philosoph 54
Modrzewski, Andrezej Frycz (1503–1572), polnischer Staatstheoretiker 110
Moniuszko, Stanisław (1809–1872), polnischer Komponist 82f

N

Napoleon I. (1769–1821), französischer Kaiser (1804–1814) 135f
Norwid, Cyprian (1821–1883), polnischer Schriftsteller 82, 84

O

Orzechowski, Stanisław (1513–1566), polnischer Schriftsteller 110
Ossowska, Maria (1896–1974), polnische Philosophin 23

P

Pascal, Blaise (1623–1662), französischer Philosoph 128

Paul VI. (1897–1978),
    Papst (1963–1978)
    61, 146
Piłsudski, Józef
    (1867–1935), polnischer Marschall
    und Staatsmann 29
Pius XI. (1857–1939),
    Papst (1922–1939) 60
Pius XII. (1876–1958),
    Papst (1939–1958) 60
Polybios (um 200–um
    120 v. Chr.), griechischer Geschichtsschreiber 164

R
Rahner, Karl
    (1904–1984), deutscher Theologe 144
Rej, Mikołaj
    (1505–1569), polnischer Schriftsteller
    110
Ricœur, Paul (*1913),
    französischer Philosoph 57, 180
Rożycki, Ignacy
    (1911–1983), polnischer Theologe 96

S
Sartre, Jean-Paul
    (1905–1980), französischer Philosoph 57

Scheler, Max
    (1874–1928), deutscher Philosoph 57
Sigismund II. August
    → Zygmunt II.
    August
Słowacki, Juliusz
    (1809–1849), polnischer Dichter 82
Solowjow, Wladimir
    Sergejewitsch
    (1853–1900), russischer Philosoph 57
Stanislaus (1030–1079),
    Heiliger 110
Stein, Edith
    (1891–1942), Heilige
    35
Stefan IV. Báthory
    (1533–1586), polnischer König
    (1575–1586) 174

T
Teresa von Avila
    (1515–1582), Heilige
    66
Thomas von Aquin
    (1224 oder
    1225–1274), Heiliger
    15, 27, 55, 58f, 66,
    129, 167
Tischner, Józef
    (1931–2000), polnischer Philosoph 10

V

Vitoria, Francisco de (1492–1546), spanischer Dominikaner 172

Vladimiri, Paulus, latinisierte Form von → Włodkowic, Paweł

Vladislaus Jagiełło → Jagiełło, Vladislaus

W

Wladimir (um 956–1015), Heiliger 87 (Fußnote), 131

Włodkowic, Paweł (1370–1435), polnischer Theologe 172

Wyspiański, Stanisław (1869–1907), polnischer Maler und Schriftsteller 83, 94

Wyszyński, Stefan (1901–1981), Kardinal, Primas von Polen 177f, 197

Z

Zwingli, Ulrich (1484–1531), schweizerischer Reformator 125

Zygmunt II. August (1520–1572), polnischer König (1548–1572) 173